汉画总录

39

萧县

GUANGXI NORMAL UNIVERSITY PRESS
广西师范大学出版社
·桂林·

本研究由 2012 年度国家社科基金重大项目"中国汉代图像数据库与《汉画总录》编撰研究"资助

本专项研究得到吴作人国际美术基金会的赞助

HANHUA ZONGLU

项目统筹　汤文辉　李　琳
责任编辑　李佳楠
助理编辑　梁桂芳
装帧设计　李若静　陆润彪　刘　凛
责任技编　郭　鹏

图书在版编目（CIP）数据

汉画总录. 39，萧县 / 周水利，朱青生主编. —桂林：
广西师范大学出版社，2019.1
　ISBN 978-7-5598-1193-6

Ⅰ. ①汉… Ⅱ. ①周…②朱… Ⅲ. ①画像砖－史料－
研究－中国－汉代②画像砖－史料－研究－萧县－汉代
Ⅳ. ①K879.444

中国版本图书馆 CIP 数据核字（2018）第 215639 号

广西师范大学出版社出版发行

（广西桂林市五里店路 9 号　邮政编码：541004）
网址：http://www.bbtpress.com

出版人：张艺兵
全国新华书店经销
广西广大印务有限责任公司印刷
（桂林市临桂区秧塘工业园西城大道北侧广西师范大学出版社集团
有限公司创意产业园内　邮政编码：541100）
开本：787 mm×1 092 mm　1/16
印张：15　　字数：150 千字
2019 年 1 月第 1 版　　2019 年 1 月第 1 次印刷
定价：480.00 元

如发现印装质量问题，影响阅读，请与出版社发行部门联系调换。

序

文字记载，图画象形。人性之深奥、文化之丰富俱在文献形相之中；史实之印证、问题之追索无非依靠文字图形。[1] 汉画乃有汉一代形相与图画资料之总称。

汉代之前，有各种物质文化遗迹与形相资料传世。但是同时代文献相对缺乏，虽可精观细察，恢复格局，重组现象，拾取位置、结构和图像信息，然而毕竟在紧要处，但凭推测，难于确证。汉代之后，也有各种物质文化遗迹与形相资料传世，但是汉代之前问题不先行获得解释，后代的讨论前提和基础就愈加含糊。尤其渊源不清，则学难究竟。汉代的文献传世较前代为多，近年汉代出土文献日增，虽不足以巨细问题尽然解决，但是与汉代之前相比，判若文献"可征"与"不可征"之别。所以，汉画作为中国形相资料的特殊阶段，据此观察可印之陈述，格局能佐之学理，现象会证之说明；位置靠史实印证，结构倚疏解诠释。因图像信息与文字信息的双重存在，将使汉画成为建立中国图像志，用形相学的方法透入历史、文化和人性的一个独特门类。此汉画作为中国文化研究关键理由之一。

两汉之世事人情、典章制度可以用文字表达者俱可在经史子集、竹帛简牍中钩沉索隐，而信仰气度、日常生活不能和不被文字记述者，当在形相资料中考察。形者，形体图像；相者，结构现象。事隔两千年形成的古今感受之间的千仞高墙，得汉画其门似可以过。而中国文明的基业，多始于汉代对前代的总结、集成而制定规范；即使所谓表率万世之儒术，亦为汉儒所解释而使之然。诸子学说亦由汉时学人抄传选择，隐显之功过多在汉人。而道德文章、制度文化之有形迹可以直接回溯者，更是在汉代确立圭旨，千秋传承，大同小异，直至中国现代化来临。往日的学术以文字文献为主，自从进入图像传播时代，摄影、电视造就了人类看待事物的新方法，养成了直接面对图像的解读能力。于是反观历史，对于形相资料的重视与日俱增。因此，由于汉代奠定汉族为

---

[1] 对于古史，有所谓四重证据法：传世文献+出土文献+出土文物+依地形、位置和建筑建构遗存复原的文化环境设想。但任何史实，多少都有余绪流传至今，则可通过现今活态遗存，以今证古，这是西方人类学、文化地理学中使用的方法。例如，可从近日的墓葬石工技艺中考溯汉代制作；再如，今日非物质文化遗产中的祭祀庆典仪式，其中可能有此地同族举行同类型活动的延承，正所谓"礼失而求诸野"。所以，对于某些历史对象，可以采用六重证据法：传世文献+出土文献+出土文物+复原的文化环境设想+现今活态遗存+试验考古（即用当时的工具、材料、技术、观念重新试验完成一遍古代特定的任务）。对问题的追索无非依靠文字和形相两种性质的材料，故略称"文字图形"。

主体的文明而重视汉代，由于读图观相的时代到来而重视图画，此汉画之为中国文化研究关键理由之二。

"汉画"沿用习称。《汉画总录》关注的汉画包括画像石、画像砖、帛画、壁画、器物纹样和重要器物、雕刻、建筑（宗教世俗场所和陵墓）。所以，与《汉画总录》互为表里的国家图像数据库 [2] 则称之为"汉代形像资料"，是为学术名称。

汉画研究根基在资料整理。图像资料的整理要达到"齐全"方能成为汉画学的基础。所谓齐全，并非奢望汉代遗迹能够完整留存至今，而是将现存遗址残迹，首先确定编号，梳理集中，配上索引，让任何一位学者或观众，有心则可由之而通览汉代的形相资料总体，了解究竟有多少汉代图形存世。能齐观整体概况，则为齐也。如果进一步追索文化、历史和人性的问题，则可利用这个系统，有条理、有次序地进入浩瀚的形相数据，横征纵析，采用计算机详细精密的记录手段和索引技术，获取现有的全部图像材料。与我们陆续提供给学界的"汉代古文献全文数据库"和"中文、西文、日文研究文献数据库"互为参究，就能协助任何课题，在一个整体学科层面上开展，减少重复，杜绝抄袭，推动研究，解决问题。能把握学科动态则为全也。《汉画总录》是与国家图像数据库相辅相成的一个长期文化工程，是依赖全体汉画学者努力方能成就的共同事业。一事功成，全体受益。如果《汉画总录》及其索引系统建成完整、细致、方便的资料系统，则汉画学的推进可望有飞跃发展，对其他学科亦不无帮助。

汉画编目和《汉画总录》的编辑是繁琐而细致的工作。其平常在枯燥艰苦的境况中日以继夜。此事几无利益，少有名声，唯一可以告慰的是我们正用耐心的劳动，抹去时间的风尘，使中国文明之光的一段承载——汉画，进入现代学术的学理系统中，信息充溢，条理清楚，惠及学界。况且汉画虽是古代文化资料，毕竟养成和包蕴汉唐雄风；而将雄风之遗在当今呈现，是对中国文明的贡献，也是为人类不同文明之间更为深刻的互相理解和世界在现代化中的发展提示参照。

人生有一事如此可为，夫复何求？

编　者

2006 年 7 月 25 日

---

[2] 2005 年国家文化部将《中国汉代图像信息综合调查与数据库》项目纳入"国家数据库专项"系统。

编辑体例

《汉画总录》包括编号、图片、图片说明、图像数据、文献目录、索引六部分内容。

1. 编号

为了研究和整理的需要，将现有传世汉画材料统一编号。编号工作归属一个国家项目协调（《中国汉代图像信息综合调查与数据库》为国家艺术科学"十五"规划项目）。方法是以省、区编号（如陕西 SSX，山西 SX）加市、县，或地区编号（如米脂 MZ）再加序列号（三位），同一汉画组合中的部件在序列号之后加横杠，再加序列号（两位）。比如米脂党家沟左门柱，标示为 SSX-MZ-005-01（说明：陕西—米脂—党家沟画像石墓—左门柱）。编号最终只有技术性排序，即首先根据"地点"的拼音缩写的字母排列顺序，在同一地点的根据工作序列号的顺序排序。

地点是以出土地为第一选择，不在原地但仍然有确切信息断定其出土地的，归到出土地编号，并在图片说明中标示其收藏地和版权所有者。如果只能断定其出土地大区（省、区），则在小区（市、县、地区）部分用"××"表示。比如美国密歇根大学博物馆藏的出自山东某地，标示为 SD-××-001。如果完全不能断定其出土地点，则以收藏地点缩写编号。

编号完成之后，索引、通检和引证将大为方便。论及某一个形象或画面，只要标注某编号，不仅简明统一，而且可以在《汉画总录》和与此相表里的国家图像数据库（国家文化部将《中国汉代图像信息综合调查与数据库》项目纳入"国家数据库专项"系统）中根据检索方法立即找到其照片、拓片、线图、相关图像和墓葬的全部信息，以及关于这个对象尽可能全面的全部研究成果，甚至将来还可以检索到古文献和出土文献的相关信息，以及同一类型图像或近似图像的公布、保存和研究情况。

2. 图片

记录汉代画像石、画像砖的图片采取拓片、照片和线图相比照的方式处理。[1]传统著录汉画的方式是拓片，拓片的特点是原尺寸拓印。同时，拓片制作时存在对图像的取舍和捶拓手工轻重粗精之别，而成为独立于原石的艺术品。拓片不能完整记录墓葬中画像砖石的相互衔接和位置关系，

---

[1] 由于在《汉画总录》的编辑方针中，将线描用于对图像的解释和补充，线描制作者的观点和认识会有助于读者理解，但也形成了一定的误导和局限，因此在无必要时，将逐步减少线描的数量，而把这个工作留待读者在研究时自行完成。

以及墓葬内的建筑信息，无法记录画像石上的墨线和色彩，对于非平面的、凸凹起伏的浮雕类画像砖石，也不能有效地记录其立体造型。不同拓片制作者以及每次制得的拓片都会有差异。使用拓片一个有意无意的后果是拓片代替原石成为研究的起点，影响了对画像石的感受和认知。拓片便利了研究的同时也限制了研究。只是有些画像砖石原件已失，仅存拓片，或者原石残损严重，记录画像砖石的拓片则为一种必要的方法。

照片对画像砖石的记录可以反映原件的质地和刻划方法、浮雕的凸凹起伏，能够记录砖石上的墨线和色彩，是高质量的图像记录中不可缺失的环节。线图可以着重、清晰地描绘物像的造型和轮廓，同时作为一种阐释的方法，可以展示、考察、记录研究者对图像的辨识和推证。采取线图、照片、拓片相结合的途径记录画像砖石，可相互取长补短，较为完备。

帛画、壁画和器物纹样一般采用照片和线图。

其他立体图像采用照片、三维计算机图形、平面图和各种推测性的复原图及局部线图。组合图与其他图表的使用，在多部组合关系明确的情况下，一般会给出组合图加以标明，用线描图呈现；在多部组合而关系不明确的情况下则或缺存疑。其他测绘图、剖面图、平面图以及相关列表等均根据需要，随著录列出，视为一种图解性质的"说明"。[2]

3. 图片说明

图片说明分为两个部分。其一是关于图片的基本信息，归入"4. 图像数据"中说明；其二是对于图像内容的描述。描述古代图像时，基于古今处在不同的观念体系中的这一个基本前提，采取不同方式判定图像。

3.1 尝试还原到当时的概念中给予解释 [3]，在此方向下通常有两种途径。

3.1.1 检索古代文献中与图像对应的记载或描述，作出判定。但现存的问题，一是并非所有图像都能在文献中找到相应的记载或解释，即缺乏完备性；二是这种对应关系是人为赋予的，文献

---

[2] 根据编辑需要，在材料和技术允许的情况下，会给出部分组合关系图。由于编辑过程受到各种条件的限制，尽其努力也无法解决全卷缺少部分原石图、拓片、线图的情况，或者极个别原石尺寸不齐的情况，目前保持阙如，待今后在补遗卷中争取弥补。

[3] 任何方式中我们都不可能完全脱离今人的认识结构这一立足点，不可能清除解释过程中"我"的存在，难以避免以今人的观念结构去驾驭古代的概念。完全回到当时当地观念中去只是设想。解释策略决定了解释结果。在第一种方式中，我们的目的不是把自己置换到古人的处境中去体验，而是去认识古人所用概念及其间结构关系。

与图像并不存在必然的联系，且不同研究者可能作出不同的判断[4]；三是现存文献只是当时多种版本的一种，民间工匠制作画像石所依据的口述或文字版本未必与经过梳理的传世文献（多为正史、官方记录和知识分子的叙述）相符。

3.1.2 依据出土壁画上的题记、画像砖石上的榜题、器物上的铭文等出土文字材料，对相应图像作出判定，这种方式切近实况，能反映当时当地的用语，但是能找到对应题记的图像只占图像总体的一小部分。

3.2 在缺失文献的情况下，重构一种图像描述的方式——尽量类型化并具有明晰的公认性。如大量出现的独角兽，在尚不确定称其为"兕"还是"獬豸"时，便暂描述为独角兽，尽管现存汉代文献中可能无"独角兽"一词。同时，图像描述采取结构性方式，即先不做局部意义指定，而是在形状—形象—图画—幅面—建筑结构—地下地上关系—墓葬与生宅的关系—存世遗迹和佚失部分（黑箱）之间的关系等关系结构中，判定图像的性质或意义。尽管没有文字信息，图像在画面和墓葬中的位置和形相关系提供了考察其意义和功能的线索。

在实际图片说明中，上述两种方式往往并用。对图像的描述是在意识到这些问题的情况下展开的，部分指谓和用语延承了以往的研究，部分使用了新词，但都不代表对图像含义的最终判定，而只是一种描述。

4. 图像数据

图片的基本信息（诸如编号、尺寸、质地、时代、出土地、收藏单位等）实际上是图像数据库的一个简明提示。收入的汉画相关信息通过数据库的方式著录，其中包括画像石编号、拓片号、原石照片编号、原石尺寸[5]、画面尺寸、画面简述、时代、出土时间、征集时间、出土地[6]、收藏单位、原收藏号、原石状况（现状）、所属墓葬编号[7]、组合关系、著录与文献等项。文字、质地、色

---

[4] 关于此前题材判定和分类的方法和问题，参见盛磊：《四川汉代画像题材类型问题研究》，北京大学艺术学系99级硕士毕业论文。

[5] 画面尺寸的单位均为厘米，书中不再标识。

[6] 出土与征集的区分以是否经过科学发掘为界，凡经正式发掘（无论考古报告发表与否）均记为出土，凡非正式发掘（即使有明确出土地点和位置）均记为征集。

[7] 所属墓葬因发掘批次和年代各异，故记为发掘时间加当时墓葬编号，如1981M3表示党家沟1981年发掘的第3号墓葬。

彩、制作者、订件人、所在位置、相关器物、鉴定意见、发现人中有可著录者，均在备注项中列出。画像石墓表包括墓葬所在地、时代、墓葬所处地理环境、封土情况、发现和清理发掘时间、墓向、墓葬形制、随葬器物、棺椁尸骨、画像石装置，发现人、发掘主持人也在备注项中注出。建立数据库的目的和价值在于对数据库中的所有记录进行检索、比较、统计、分析，以期达到研究的完备性和规范性。[8]

5. 文献目录

文献目录列出一个区域（指对汉画集中地区的归纳，如陕北、南阳、徐州、四川等，多根据汉画研究的分区，而非严格的行政区划）有关汉画内容的古文献、研究论著和论文索引，并附内容提要。在每件汉画著录中列专项注出其相关研究文献。

6. 索引

按主题词和关键词建立索引项，待全部工作结束之后，做成总索引。因为《汉画总录》的分卷编辑虽然是按现在保管地区为单位齐头并进，但各种图像材料基本按出土地点各归其所，所以地名部分不出分卷索引，只在总索引中另行编排。

朱青生

北京大学汉画研究所

2006 年 7 月 31 日

---

[8] 对于存在大量样本和繁杂信息的研究对象，数据库的应用是有效的。在考古类型学中，传统的制表耗费时力，且不便记忆和阅读，细碎的分类常有割裂有机整体之弊。《汉画总录》的设想是：（１）无论已有公论还是存疑的图像，一律不沿用旧有的命名及在此基础上的分类，而按一致的规范和方法记录；（２）扩大图像信息的范畴，全面记录相关要素，包括出土状况（发掘/清理/收集）、发现人、出土时间、出土地点及其所属古代区划、图像材质、尺寸、所属墓葬形制、画像位置、随葬器物及其位置、图像保存状况、铭文、已有断代、画像资料出处、相关图片、相关研究、收藏地等。图像则记录单位图像的位置及其间的组合情况；（３）利用数据库，按不同线索和层次对图像信息进行查询、检索，根据统计结果作出判断。

目　录

前　言

安徽萧县汉代画像石在中国汉代画像研究范围内是一个有着独特地位的收藏。

在很长一段时间内，安徽都是画像石讨论的一个空白点，其原因在于，这个地区很长时间都没有大规模的集中发现，或者说大量的同类型汉代画像发现地点按现在的行政区划并不归入安徽省，而是归入在汉代时与之处于同一个文化区的江苏徐州地区和河南诸县。但是随着萧县近年一系列深入的发掘和精心的整理，这里发现的汉代画像不仅在全国范围内是一个必要的补充，而且其特殊的地位和特别的状况，既推进了对汉代图像的认识，也为理解周围地区的画像石图像的性质和意义提供了必要的参考。

安徽萧县汉代画像的意义首先是在研究资料价值的一次重要的戏剧性变化上。目前《汉画总录·萧县卷》所收画像石主要是考古发掘获取的，基本信息可靠而周全。而此地曾经存在过一般性的画像石流落市场、依赖收集、以拓片交易的现象。而现在萧县收藏画像石正好相反，大都是经由科学发掘出土，几个重要的画像石墓的发掘，还是由安徽省考古所主持和协助进行，有基本完整的发掘报告和发掘人的现场记录。在中国现有的画像石遗存中，按照考古的方式进行的发掘和记录所占比例本来并不高，因此，当地的文物部门所进行的收集工作的谨慎态度就更令人敬佩。他们在简陋艰苦的环境下，就零星发现的汉画和现象，持续不断地对发现当事人进行追踪，尽量对细节作出记录，其细致程度超出一般考古报告的套路和格式，为汉画的研究保留了一些独特的信息和数据。

安徽萧县汉代画像的意义还在于，它同时具有画像石存在状况的另一个特点，就是整个画像石墓墓上的部分和墓下的部分的关联性可以被考察。这一特点之前在萧县邻近的宿州褚兰墓发现过，受到了整个学界的高度关注。褚兰墓1956年清理，90年代才发表报告。今天无论是武氏祠的研究，还是其他个案如徐州白集汉墓的研究，都涉及祠堂、墓垣、墓园和墓室的关系，但是由于缺乏系统的、准确的、仔细的原始发掘和考古报告，所以无法确定它们之间的关系究竟如何。白集汉墓墓上周环的墓垣曾经被移动、垫高过，原始状态受到干扰。而对武氏祠底下的墓葬的发掘一直是国际学术界高度关注的一个方向，因为普林斯顿大学刘一苇和一批美国专家对武氏祠提出伪刻、后世加刻铭文等质疑，把武氏祠研究推向一个新的维度，而解答质疑的基础工作就是考察祠堂与墓葬结构的关系，对其再度进行深入发掘的迫切性到了一个备受关注的地步。本世纪初，在北京大学汉画研究所和当地专家不间断的追究和督促下，山东省考古所曾经派人进行过钻探，但是由于上面的民居太多，当时无法深入进行，直到最近得到消息，山东省嘉祥县政府正在准备把这块地区辟为画像石的整体保护基地，围绕武氏祠再进行一系列的发掘，并且用新设备，对1972年经蒋英炬、吴文祺先生测绘后在武氏祠平铺陈列于玻璃展柜中的石构件进行重新扫描和测绘。这种消息引发了对萧县的汉代画像石墓的比照作用的特别关注。如果对武氏祠所在区域进行发掘，在墓下会有什么新的发现？祠堂已经在地上保存了两千年，经历了一千多年的关注、保管、移藏的这几个石祠堂，聚散多次，而今掇合意见和内容解释各异，究竟可以与哪一些墓葬结构相联系？这些问题就可与最近萧县墓葬所给出的理论基础相比对，因为萧县有几处祠堂、墓垣、墓园和墓室的关系被准确清晰地发现和描述，可见萧县在这个方面的作用之特别。

萧县汉画还有很多新的发现，也值得注意，都在本次编辑中作了揭示。

这次对萧县画像石的整理，无论是测量、记录、描绘、捶拓、摄影和扫描，还是画面描述和文献著录，皆是按照《汉画总录》原定规范进行。但是由于出现了伪造拓片扰乱研究秩序和画像石识别的事件，所以此次编辑对"拓片作为研究证据使用"这个方法本身作了严格规范，进一步加深了对拓片在研究中可能出现误导问题的认识。所谓严格规范，就是《汉画总录·萧县卷》的拓片遵循两点：其一，所有的拓片只能在科学发掘和征集信息准确的石块之上完成；其二，所有拓片的拍摄在捶拓过程中，即覆在原石上，还未揭下之前完成。也就是说，《汉画总录·萧县卷》里的拓片是与原石照片成对出现的，除非石头本身有问题，否则拓片绝对没有可能再出现问题。同时，不再将原石不明或遗失的仅存拓片作为附录收入《汉画总录》，终止了在编辑《汉画总录·南阳卷》时增加这一部分拓片著录的办法。

拓片到底在图像研究中间起什么作用？就这个问题，我们作了进一步追究。拓片本来就不是汉代图像原来的状况，且不涉及壁画、帛画和器物纹样，即使是画像石、画像砖，千年之后出土于地下，现存的情况已不复当年面貌，拓片只不过是再用捶拓技术做出来的"版画"作品。作为印刷术的一个特殊品类，论及汉画拓片时，我们似可将之作如是观：

中国的版画有两个重要的渊源。其一始于汉画——对汉代图像的复制，复制图像最晚在汉代刚过的魏晋南北朝时期就已经有记载，这种复制是一种手工临摹，在东晋王羲之的一封手札中留下了他在一个汉代庙堂中临摹的记录。后来人们发现可以通过拓印技术将图像进行复制，拓印图形即是以版印画，汉画即版画，汉代的图像因而得以流传，中国的视觉与图像的记录和流传由此进入人类文明史。至晚到宋代，这种视觉与图像的复制方法已相当普遍，并为人们所推崇和追求，在《小蓬莱阁金石文字》著录里，称有《武梁祠像唐拓本》，不知确否。无论如何，汉代的图像遗留下来的多维雕塑，却被普遍地作为印刷用的版子，用来进行进一步的复制和批量生产，这种方法沿用下来，使得这种复制到最后就成为汉代图像留存的主要方向，所以汉代艺术作为一种文化现象，从"雕塑"演变为一种"版画"。

这种方向是如此的特别，以至于影响到人们对汉代风格和性质的理解，造成了审美的"主动误取"，包括鲁迅先生在内，都将汉代艺术视为"博大精深"。汉代艺术当然博大也必然精深，因其时代遥远，很多普通的事物都因为长久的遗忘而变得如此深沉而微茫，需要钩沉索隐，才能将其意义寻找出来。但是，汉代画面本身又如此地讳莫如深，其艺术的审美性质本身并不"博大"，所有这一切的误解都是因为汉代的石刻雕塑，特别是墓阙与墓穴中的浮雕，被反复地用"版画"的方式进行复制。这种复制主要是用墨进行的，而且其微妙柔和的细节因为复制的特殊性而变得模糊而浑厚，从而给人一种"博大"（厚重）的感觉，而事实上，过去在汉代无论在宫室还是在陵墓，所有的图画的表面都是敷有彩色的，雕刻的底版上本来都再用细线手工描画和填彩。这样的巨大误解产生了一门特殊的艺术门类——汉画，虽然现在已经有对汉代的图像清晰地复原的现代技术，但仍沿其习称。这些历史的误取正是因为汉代的图像大多通过版刻和印制的方式流传下来，因此通常不称为汉代浮雕或汉代石刻，而是将其视作一种画，一种版画。人们对汉代图像的研究也多年来只用拓本进行，将汉代图像研究集中在关于汉代的"版画"的研究，一直到1995年北京大学汉画研究所编辑《汉画总录》，此种观念才得到根本的复原。（引自朱青生《版画的渊源》）

对事情的理解决定了拓片的用途。在照相和扫描技术出现之前，拓片曾经是中国记录刻凿痕迹、著录碑刻（专门制备的刻凿平面）和摩崖（选择天然未加打磨修饰的平面）文字与图画的主要方法，但是随着科学著录方法的进步，拓片只能作为对汉代图像研究和一切图像（及实物文字材料）研究的辅助方法，也就是说，我们不能单独依靠拓片进行汉代图像的科学研究。之所以对任何古代和现代拓片材料本身要加以批判性怀疑，除了有造假之疑虑，还因为捶拓过程中依赖人为的理解和参与，导致汉画的拓片有很大的想象、变更和裁量的余地，甚至还可具备拓制者的"个人风格"。萧县所藏汉画即使是按照上述的两点规定来进行捶拓，也无法避免地出现了以下四类问题：第一类，原石不清楚的地方经过捶拓以后变得更加模糊并导致无从辨认和理解，比如编号 AH-XX-044 的门吏手执物不明，原石碎裂，本来还可反复推认，一经墨拓，则完全无法辨认了。第二类，同一种图像由于各人理解不同，变换了认识角度或直接增添了某些部分，反而变成了另外一样事物。比如编号 AH-XX-054 上格中的云气，经过捶拓，成为一条蜿蜒的龙蛇，与下格的龙构成了不符合常规的关系，可能引发误读；编号 AH-XX-011-17 上部的龙多拓出一个隆起的"臀部"。第三类，原来完全不存在图像，因为石上的天然斑瑕和裂痕、破坏之处，而被横加想象和误解，生造出另外的形象。比如编号 AH-XX-072 的人物旁被添加出双幅衣衫，看上去像是有了一种新的服装类型；而编号 AH-XX-066-01 竟然增加了一个人的形状，其实只不过是画面空白处的石头上有斑纹而已。第四类，是图的感觉问题（此处不是指美感问题），比如编号 AH-XX-010 的马背没有拓出，马腿全部拓得很细，看似另外一类马匹，而第二匹马的后腿部解剖结构拓后被完全扭曲。这里只是略略举例而已。拓片发生的此种状况，在以汉画研究为依据建立起来的形相学中，被视作通常所谓的虮轮现象（心像对部分"观看对象"的格式塔［gestalt］处理，这种格式塔不一定趋向真实，而是趋向心像所指）和疑斧现象（指不由"观看对象"引发，而完全出于心像的投射，详说请见《汉画总录·沂南卷》前言）。人类在图像时代普遍都会遭遇人与人之间认识上的差异变化和错觉，这既是人类理性将要面对的困难，使人与人之间难于相互理解和取得共识，也是人类在未来的以机器算法为主导的人工智能时代保持其自由和创造性的人本性整体的根由。但是，虮轮现象和疑斧现象使得拓片中的图像随着拓片制作者个人对事物和文化的认识和想象而出现随意转移，所以单凭拓片本身，不可以成为作为科学的汉代图像研究的材料。在此次拓片完成以后，我们实际上对拓片作了另外一步"修改"工作，就是对拓片本身进行修图，这种修图实际上是基于我们对拓片长期以来的怀疑的一次学术性决定。由此，我们一再坚持的方向现在得到了进一步的确定：《汉画总录》不以拓片为基础编制，而以照相和扫描技术为主要著录的方法，辅以捶拓（拓片）和线描（线图）加以确认和呈现，最后形成形相学断代专项文献总集。

汉画研究方法是对汉代的特有图像材料进行的实验，现代艺术史学的发展进一步将研究对象分为三种材料，除了通常所用的文献和物质形象（考古）材料，"图"作为视觉图像材料的特殊意义逐步被意识到。近代学术史借助考古材料和文献材料的对比取得了重大成果，被视为考据学研究方法之后的一大飞跃，但是今天的学术史又发展到了一个新的转折点，已经到达媒体—图像时代，新媒体迅速发展和高度分化，"如何看待图？"（"图"与"词"作为对立概念，而不是如福柯所讲的"词"与"物"作为对立概念出现）作为一种方法论追问，涉及从"看"到"见"，即注意力和意识将对象从存在向现象的转移。存在的"物"未必一定能被看到（意识），也不能用现在人的眼光去解释历史上的特殊时代和特殊文化中的人的意识和关注，他们只能看到他们能够看见的部分，人不是一个摄制图像的机器，只有"看见"才能将之制作为图画，而看到什么则与观念和认识关联，而汉画就是这种意义上的"图"的代表，从汉画研究中发展出来的形相学概念就是要强调这一点。

　　人对事物的认识并不是看到就一定能看见，而是只有看到以后对之赋予注意和描绘，将"看见"复制出来，他才是真正意识到这个事物，才能赋予其意义。这个所谓"图"就不是考古和现实中的任何"物"，正如在图像时代，有些现实存在的事物我们视而不见，物质材料被考古发掘出来，现在人看到的，未必当时的人注意到或者未必对之有意识，而当它被重新绘制成造型图像时，就可以确定其已被看见并有意识地在图画过程里被凝视、关注和运用。至于怎么来进行图的建构，对其层次、意义、功能作用的分析，是形相学进一步的课题。所以在这次的萧县汉画的整理中，我们会更加自觉地把古代研究的第三个方向"图"作为重新看待历史发现、解释文明的细腻层次。尤其是今天我们已经进入了图像时代，如何通过图像来认识和解释所有的问题，需要有一套新的方法论，这种新的方法 1996 年开始以形相学为名，作为北京大学教学汉画的课程，也作为《汉画总录》研究的理论基础。在萧县卷的制作过程中，我们会把这个问题进一步有条不紊地展开。《汉画总录·萧县卷》的必要的推进，将会帮助我们把形相学的理论逐步完善。

朱青生　北京大学汉画研究所

周水利　萧县博物馆

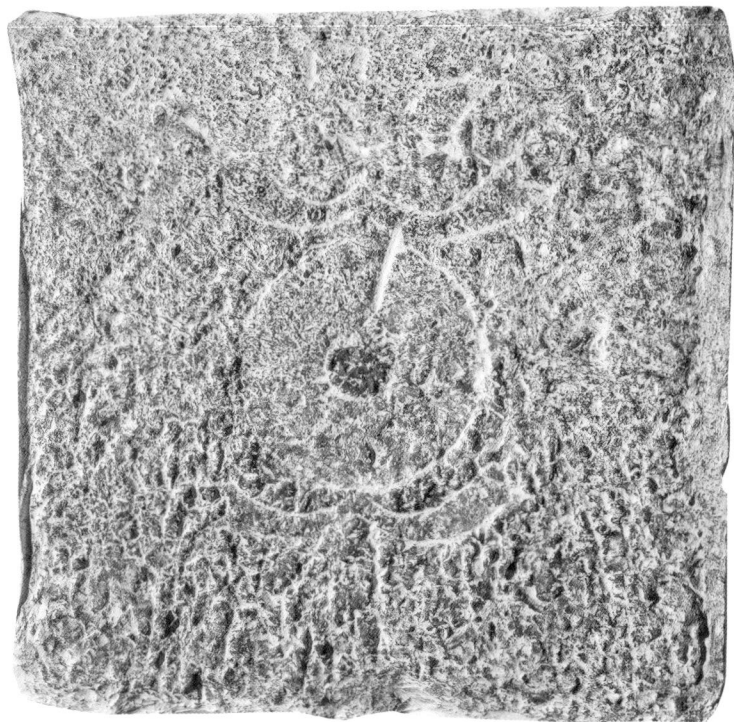

编号	AH-XX-001-01
时代	西汉
出土/征集地	土山汉墓群
出土/征集时间	
原石尺寸	70×72×13
质地	石灰岩
原石情况	原石呈长方形，基本完整。
组合关系	石椁挡板
画面简述	此图为阴线刻。画面为一圆璧，上、下各系一饰物（帛？流苏？）。
著录与文献	
收藏单位	萧县博物馆

编号	AH-XX-001-02
时代	西汉
出土/征集地	土山汉墓群
出土/征集时间	2010 年
原石尺寸	69×42×8
质地	石灰岩
原石情况	原石呈长方形，基本完整。
组合关系	石椁挡板
画面简述	此图为阴线刻，画面中间刻一柏树（一说常青树）。
著录与文献	
收藏单位	萧县博物馆

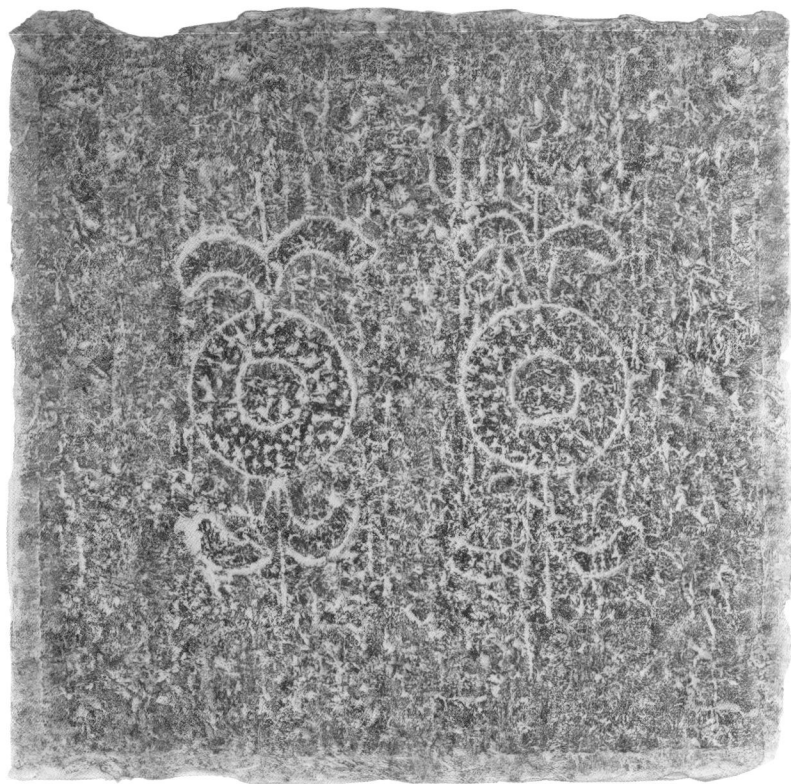

编号	AH-XX-002
时代	西汉
出土/征集地	土山汉墓群
出土/征集时间	
原石尺寸	64×69×12
质地	石灰岩
原石情况	原石呈长方形，基本完整。
组合关系	石椁挡板
画面简述	此图为阴线刻。左右各刻一璧，其上下皆有饰物（帛？流苏？）。
著录与文献	
收藏单位	萧县博物馆

编号	AH-XX-003-01
时代	西汉
出土/征集地	西虎山汉墓群
出土/征集时间	
原石尺寸	87×262×15
质地	石灰岩
原石情况	原石呈长方形，基本完整。
组合关系	石椁侧板
画面简述	此图为阴线刻。刻菱形纹。四周有框，框饰直线纹。
著录与文献	
收藏单位	萧县博物馆

编号	AH-XX-003-02
时代	西汉
出土/征集地	西虎山汉墓群
出土/征集时间	
原石尺寸	87×262×15
质地	石灰岩
原石情况	原石呈长方形，基本完整。
组合关系	石椁侧板
画面简述	此图为阴线刻。刻菱形纹。四周有框，框饰直线纹。
著录与文献	
收藏单位	萧县博物馆

编号	AH-XX-004
时代	东汉
出土/征集地	西虎山汉墓群
出土/征集时间	
原石尺寸	106×54×10
质地	石灰岩
原石情况	原石呈长方形，基本完整，可见左侧有门枢。
组合关系	左门扉
画面简述	此图为浅浮雕。刻铺首衔环，环下一梯形物（一说为帛）。上、左、下边有双层框，内填刻连弧纹。
著录与文献	
收藏单位	萧县博物馆

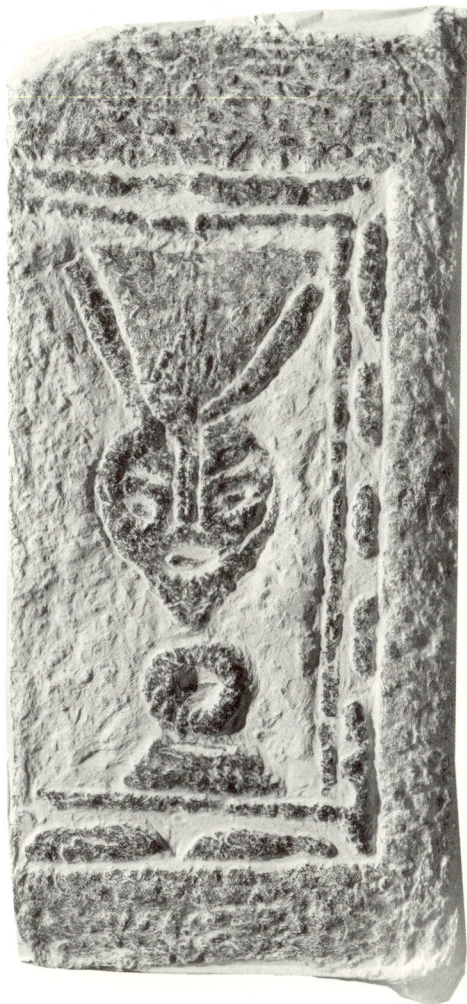

编号	AH-XX-005
时代	东汉
出土/征集地	西虎山汉墓群
出土/征集时间	
原石尺寸	107×50×10
质地	石灰岩
原石情况	原石呈长方形，基本完整，可见右侧有门枢。
组合关系	右门扉
画面简述	此图为浅浮雕。刻铺首衔环，环下一似梯形物（一说为帛）。上、下、右三边有双层框，内填刻连弧纹。
著录与文献	
收藏单位	萧县博物馆

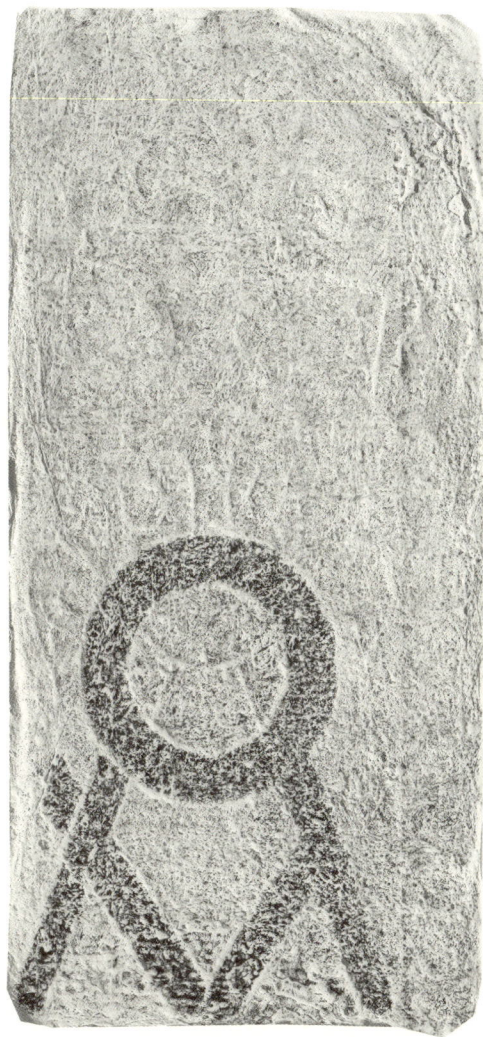

编号	AH-XX-006
时代	东汉
出土/征集地	西虎山汉墓群
出土/征集时间	
原石尺寸	108×51×9
质地	石灰岩
原石情况	原石呈长方形，上端有残缺。
组合关系	
画面简述	此图为浅浮雕。刻一铺首衔环，其上漫漶不明。
著录与文献	
收藏单位	萧县博物馆

编号	AH-XX-007
时代	东汉
出土/征集地	西虎山汉墓群
出土/征集时间	
原石尺寸	104.6×43×32
质地	石灰岩
原石情况	原石呈长方形，基本完整。
组合关系	
画面简述	此图为浅浮雕。画面上方一鸟，下方一人（门吏？）头戴进贤冠，有胡须，穿及足长袍，宽袖垂胡，左向躬身而立。人物后背上方有圆弧线，意义不明；另有反方向一线刻人物位于画面底部，头后仰，似戴武弁（？），一手托举，一手叉腰，呈弓步姿态，此石应为二次加工。
著录与文献	
收藏单位	萧县博物馆

编号	AH-XX-008
时代	东汉
出土/征集地	西虎山汉墓群
出土/征集时间	
原石尺寸	108×40×29
质地	石灰岩
原石情况	原石呈长方形，基本完整。
组合关系	
画面简述	此图为浅浮雕。画面为一半人半蛇神，但较为漫漶，细节不可辨，其头部有圆环造型，似为头光；下为蛇身，尾端向右弯卷，下端可见有框。
著录与文献	苏肇平主编：《萧县汉画像石集·汉石刻艺术》，南昌：江西美术出版社，2000年，第4页，图2。
收藏单位	萧县博物馆

编号	AH-XX-009
时代	东汉
出土/征集地	西虎山汉墓群
出土/征集时间	
原石尺寸	42×163×23
质地	石灰岩
原石情况	原石呈长方形，断为左右两块，一侧残缺。
组合关系	
画面简述	画面漫漶，似可见二龙穿三璧。上下及侧面皆有框。
著录与文献	
收藏单位	萧县博物馆

编号	AH-XX-010
时代	东汉
出土/征集地	西虎山汉墓群
出土/征集时间	
原石尺寸	46×265×27
质地	石灰岩
原石情况	原石呈长方形，基本完整。
组合关系	
画面简述	此图为浅浮雕。画分三栏，左、右两栏皆为柿蒂纹图案，四周皆有双层边框，框间填刻连弧纹；中栏为车马出行，左侧一马，其后为一马辎（屏？）车，再后为一从骑，骑手似戴尖帽，右端一人，躬身而立，似相送状。画面上下两边双边框，框间填刻连弧纹。
著录与文献	苏肇平主编：《萧县汉画像石集·汉石刻艺术》，南昌：江西美术出版社，2000年，第6-7页，图5。
收藏单位	萧县博物馆

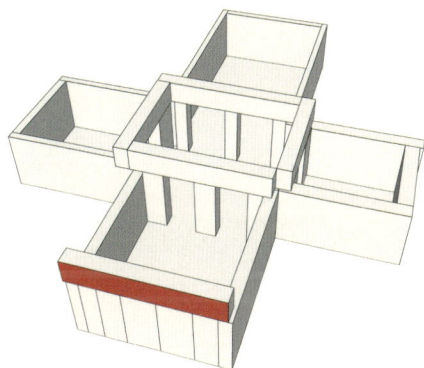

编号	AH-XX-011-01
时代	东汉
出土/征集地	破阁 M61
出土/征集时间	1999 年
原石尺寸	45×233×27
质地	石灰岩
原石情况	原石呈长方形，右下角残缺。
组合关系	墓门门楣
画面简述	此图为浅浮雕。画面分上下两格，上格为填刻连弧纹；下格为二龙穿三环，二龙皆张口回首，互衔其尾。四周有双层边框，框间填刻波形纹。
著录与文献	
收藏单位	萧县博物馆

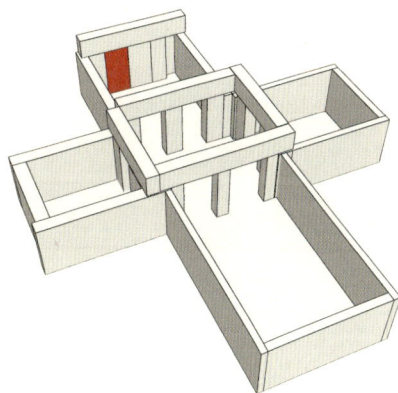

编号	AH-XX-011-02
时代	东汉
出土/征集地	破阁 M61
出土/征集时间	1999 年
原石尺寸	137×39×31
质地	石灰岩
原石情况	原石呈长方形，基本完整。
组合关系	前室北壁左立柱
画面简述	此图为浅浮雕。刻一人，头戴山形冠，穿过膝长袍，腰系带，拱手左向躬身而立。
著录与文献	苏肇平主编：《萧县汉画像石集·汉石刻艺术》，南昌：江西美术出版社，2000 年，第 16 页，图 21。
收藏单位	宿州博物馆

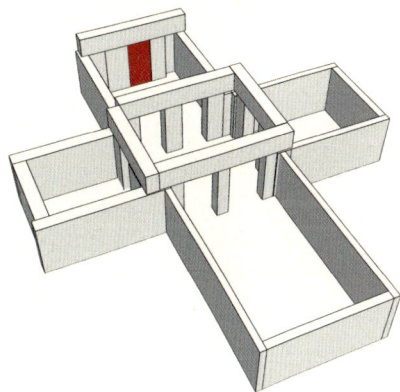

编号	AH-XX-011-03
时代	东汉
出土/征集地	破阁 M61
出土/征集时间	1999 年
原石尺寸	147×63×13.5
质地	石灰岩
原石情况	原石呈长方形，基本完整，左侧可见门枢。
组合关系	墓门右门扉背面
画面简述	此图为浅浮雕。画面上方一朱雀（凤鸟），头生羽冠，尾分三歧，双足踏于铺首顶部；下为铺首衔环，环为双层，内层饰波形纹。左侧有框。
著录与文献	
收藏单位	萧县博物馆

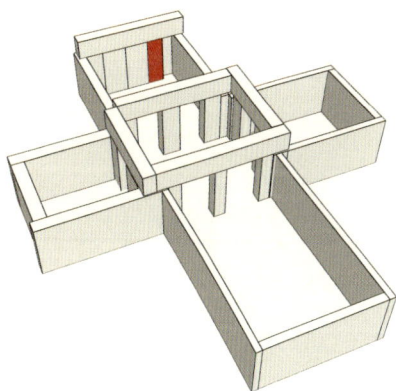

编号	AH-XX-011-04
时代	东汉
出土/征集地	破阁 M61
出土/征集时间	1999 年
原石尺寸	145×64×14
质地	石灰岩
原石情况	原石呈长方形，断为上下两块。
组合关系	墓门右门扉背面
画面简述	此图为浅浮雕。画面上方一朱雀（凤鸟），头生羽冠，尾分三歧，双足踏于铺首顶部；下为铺首衔环，环为双层，内层饰波形纹。右侧有框。
著录与文献	
收藏单位	萧县博物馆

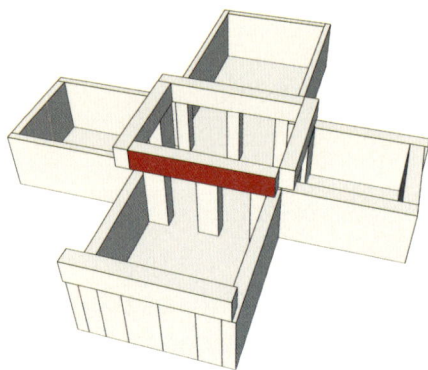

编号	AH-XX-011-05(1)
时代	东汉
出土/征集地	破阁 M61
出土/征集时间	1999 年
原石尺寸	45×323×32
质地	石灰岩
原石情况	原石呈长方形，断为两块。
组合关系	前室南壁门楣
画面简述	此图为浅浮雕。刻四龙，皆头生一角，通身披鳞，返身回首，引颈张口。四周有框，上、下、右三边框内填刻波形纹。
著录与文献	苏肇平主编：《萧县汉画像石集·汉石刻艺术》，南昌：江西美术出版社，2000 年，第 20-21 页，图 25；周水利：《安徽萧县新出土的汉代画像石》，《文物》，2010 年第 6 期，第 64 页，图 19；安徽省文物考古研究所，安徽省萧县博物馆编著：《萧县汉墓》，北京：文物出版社，2008 年，第 109 页，图 68j。
收藏单位	萧县博物馆

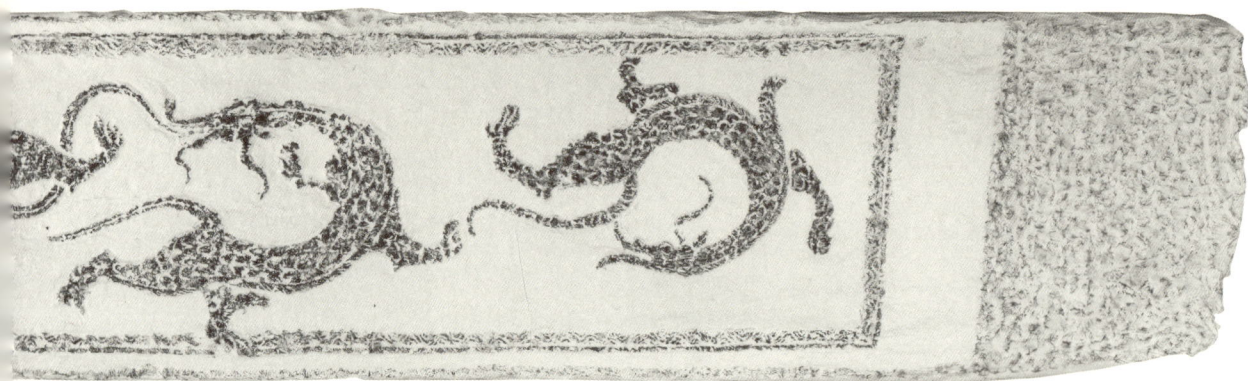

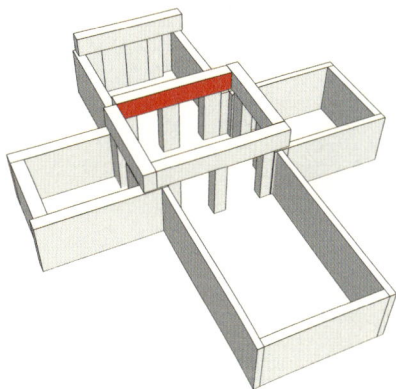

编号	AH-XX-011-05(2)
时代	东汉
出土/征集地	破阁 M61
出土/征集时间	1999 年
原石尺寸	45×323×32
质地	石灰岩
原石情况	原石呈长方形，断为两块。
组合关系	中室北壁门楣
画面简述	此图为浅浮雕。画面分上下两格，上格内填刻连弧纹。下格左侧二龙，皆返身回首，引颈张口，其右为另一龙，回首自衔其尾，爪皆三趾；其右一熊（或为龙），长尾而人立，鳞身，爪为三趾；再右为一鹿，头生双角，回首而立；再右为一豕；右端为一翼虎，似追逐前豕而左行。画面四周有波形纹框。
著录与文献	苏肇平主编：《萧县汉画像石集·汉石刻艺术》，南昌：江西美术出版社，2000 年，第 26-27 页，图 26；周水利：《安徽萧县新出土的汉代画像石》，《文物》，2010 年第 6 期，第 64 页，图 18；安徽省文物考古研究所，安徽省萧县博物馆编著：《萧县汉墓》，北京：文物出版社，2008 年，第 109 页，图 68j。
收藏单位	萧县博物馆

编号	AH-XX-011-05(3)
时代	东汉
出土/征集地	破阁 M61
出土/征集时间	1999 年
原石尺寸	32×323×45
质地	石灰岩
原石情况	原石呈长方形，断为两块。
组合关系	前室南壁门楣底面
画面简述	此图为浅浮雕。左侧一兽上行，竖耳长尾（一说为狐）；中间似一蟾蜍，右侧似为一兔，向上，短尾。
著录与文献	
收藏单位	萧县博物馆

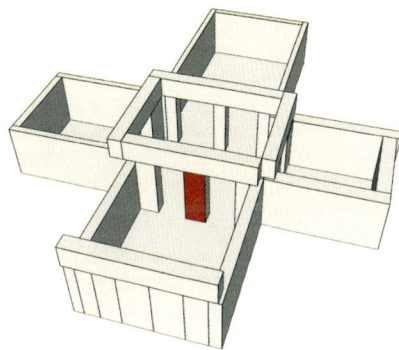

编号	AH-XX-011-06(1)
时代	东汉
出土/征集地	破阁 M61
出土/征集时间	1999 年
原石尺寸	131×43×30
质地	石灰岩
原石情况	原石呈长方形，基本完整。
组合关系	前室南壁中立柱北面
画面简述	此图为浅浮雕。画面上部一鸟，头生羽冠，长颈圆尾。下方有一龙，头生一角，通身披鳞，四肢伸展，长尾后垂，引颈上探衔上方鸟喙。
著录与文献	苏肇平主编：《萧县汉画像石集·汉石刻艺术》，南昌：江西美术出版社，2000 年，第 15 页，图 19；安徽省文物考古研究所，安徽省萧县博物馆编著：《萧县汉墓》，北京：文物出版社，2008 年，第 109 页，图 68j。
收藏单位	萧县博物馆

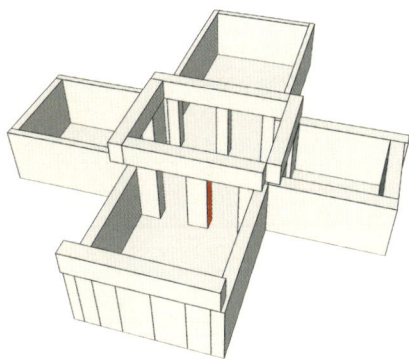

编号	AH-XX-011-06(2)
时代	东汉
出土/征集地	破阁 M61
出土/征集时间	1999 年
原石尺寸	131×43×30
质地	石灰岩
原石情况	原石呈长方形，基本完整。
组合关系	前室南壁中立柱东侧面
画面简述	此图为浅浮雕。画面为一翼虎（？），张口露齿，引颈前伸，长尾后扬。
著录与文献	安徽省文物考古研究所，安徽省萧县博物馆编著：《萧县汉墓》，北京：文物出版社，2008 年，第 109 页，图 68j。
收藏单位	萧县博物馆
备注	因拍摄条件限制，无法取得原石正面图。本编号对应原石图位于原石右侧面。

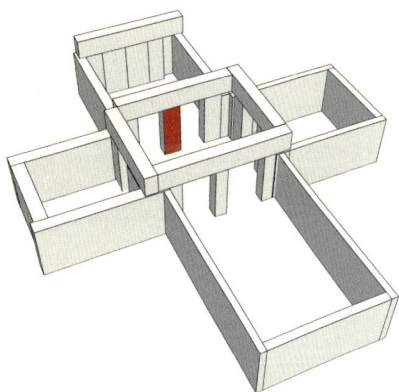

编号	AH-XX-011-06(3)
时代	东汉
出土/征集地	破阁 M61
出土/征集时间	1999 年
原石尺寸	131×43×31
质地	石灰岩
原石情况	原石呈长方形，基本完整。
组合关系	中室北壁中立柱正面
画面简述	此图为浅浮雕。画面为一翼虎（？），张口引颈前伸，长尾后扬。
著录与文献	安徽省文物考古研究所，安徽省萧县博物馆编著：《萧县汉墓》，北京：文物出版社，2008 年，第 109 页，图 68j。
收藏单位	萧县博物馆

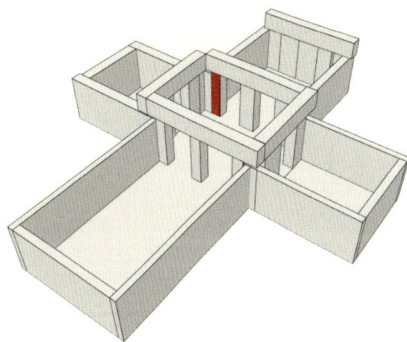

编号	AH-XX-011-07(1)
时代	东汉
出土/征集地	破阁 M61
出土/征集时间	1999 年
原石尺寸	
质地	石灰岩
原石情况	原石砌入墙中
组合关系	中室北壁左立柱
画面简述	此图为浅浮雕。画面为一翼龙，头生双角，张口引颈，长尾后伸，通身披鳞，四爪各有三趾。
著录与文献	安徽省文物考古研究所，安徽省萧县博物馆编著：《萧县汉墓》，北京：文物出版社，2008 年，第 109 页，图 68e。
收藏单位	萧县博物馆

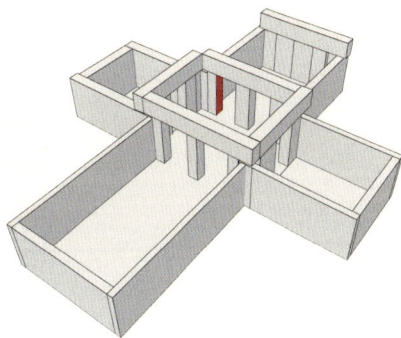

编号	AH-XX-011-07(2)
时代	东汉
出土/征集地	破阁 M61
出土/征集时间	1999 年
原石尺寸	131.5×30.5
质地	石灰岩
原石情况	原石呈长方形，基本完整。
组合关系	中室北壁左立柱侧面
画面简述	此图为浅浮雕。画面下为一虎，身有条纹，长尾扬起，向右张口咬住一鹿颈部，鹿有短尾，四蹄；上部一龙，头生双角，张口引颈，通身披鳞，长尾后伸，下行。
著录与文献	苏肇平主编：《萧县汉画像石集·汉石刻艺术》，南昌：江西美术出版社，2000 年，第 13 页，图 15；安徽省文物考古研究所，安徽省萧县博物馆编著：《萧县汉墓》，北京：文物出版社，2008 年，第 109 页，图 68j。
收藏单位	萧县博物馆

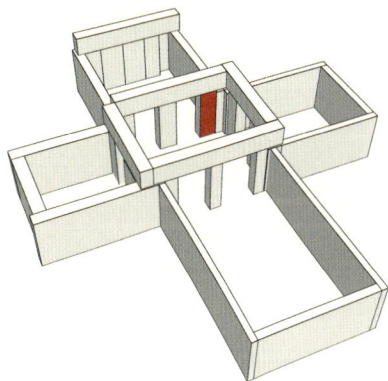

编号	AH-XX-011-08
时代	东汉
出土/征集地	破阁 M61
出土/征集时间	1999 年
原石尺寸	136×36
质地	石灰岩
原石情况	原石呈长方形，左上角残。
组合关系	中室北壁右立柱
画面简述	此图为浅浮雕。画面为一翼龙，头生双角，张口引颈，肩生羽翼，长尾后伸，通身披鳞，自龙首至后足下缘皆有羽毛，四爪各有三趾。
著录与文献	苏肇平主编：《萧县汉画像石集·汉石刻艺术》，南昌：江西美术出版社，2000 年，第 20-21 页，图 27；安徽省文物考古研究所，安徽省萧县博物馆编著：《萧县汉墓》，北京：文物出版社，2008 年，第 109 页，图 68j。
收藏单位	萧县博物馆

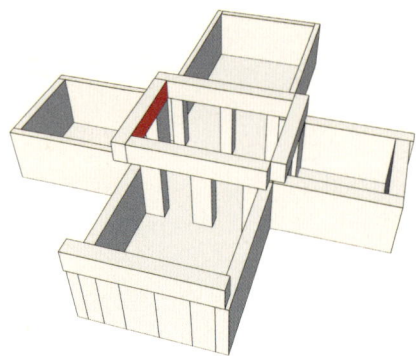

编号	AH-XX-011-09
时代	东汉
出土/征集地	破阁 M61
出土/征集时间	1999 年
原石尺寸	46×237×28
质地	石灰岩
原石情况	原石呈长方形，断为两块。
组合关系	中室西壁耳室门楣
画面简述	此图为浅浮雕。画面整体为车马出行，除右二导骑外马尾皆束为球状，最左端一从骑头戴网状武弁；其右一轺车，马首扬起，呈站立姿态，前有驭者控缰后有尊者（车轮有八辐）；再右为另一轺车，前有驭者控缰后有尊者（轮亦八辐）；其右一导骑，着左衽长袍；右端为另一导骑，着长袍。四周填刻双层框，框间填刻波形纹。
著录与文献	苏肇平主编：《萧县汉画像石集·汉石刻艺术》，南昌：江西美术出版社，2000 年，第 18-19 页，图 23；安徽省文物考古研究所，安徽省萧县博物馆编著：《萧县汉墓》，北京：文物出版社，2008 年，第 109 页，图 68i。
收藏单位	萧县博物馆

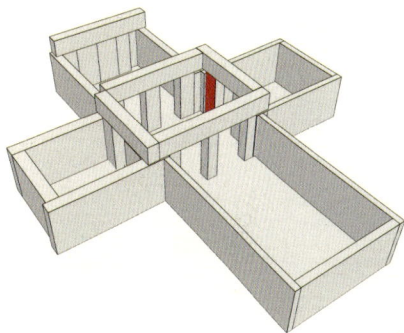

编号	AH-XX-011-10
时代	东汉
出土/征集地	破阁 M61
出土/征集时间	1999 年
原石尺寸	129×67×26
质地	石灰岩
原石情况	原石呈长方形，基本完整。
组合关系	中室东壁耳室左立柱
画面简述	此图为浅浮雕。画分上、中、下三格，上格左侧一人，顶梳圆髻，另两髻支出，另一髻垂梢，袖手正面而坐，身前悬一环状物（似为饰）；右侧一人，似戴冠，面左伏拜。中格上部一凤鸟，头生羽冠，尾分四歧，双足立于屋顶，其下两侧各一阙，右阙顶立一羽人，跨步抬手戏凤；阙檐下可见三层结构，阙身（柱）饰波形纹；两阙中间下部一四坡顶建筑，正脊两端上翘，屋面瓦垄晰，檐下双柱，柱身饰波形纹；柱间一人，坐于凭几之前，柱外两侧各可见一条横带，似为墙垣。下格为二人乐舞，皆坐姿，居左者双手扬起而舞，居右者抚琴（瑟？）。四周有框。
著录与文献	苏肇平主编：《萧县汉画像石集·汉石刻艺术》，南昌：江西美术出版社，2000 年，第 21 页，图 28；周水利：《安徽萧县新出土的汉代画像石》，《文物》，2010 年第 6 期，第 64 页，图 16；安徽省文物考古研究所、安徽省萧县博物馆编著：《萧县汉墓》，北京：文物出版社，2008 年，第 109 页，图 68i；安徽省文物局、安徽省文物考古研究院编：《建国 60 周年安徽重要考古成果展专辑图录》，北京：文物出版社，2014 年，第 282 页，图 4-2-5-5。
收藏单位	萧县博物馆

AH-XX-011-09 局部

AH-XX-011-09 局部

AH-XX-011-10 局部

AH-XX-011-10 局部

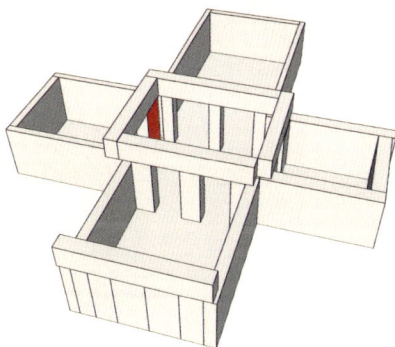

编号	AH-XX-011-11
时代	东汉
出土/征集地	破阁 M61
出土/征集时间	1999 年
原石尺寸	131×43×31
质地	石灰岩
原石情况	原石呈长方形，基本完整。
组合关系	中室西壁耳室右立柱
画面简述	此图为浅浮雕。画面上部一龙，头生一角，通身披鳞，颈部至后足下缘皆有生羽，爪皆三趾，长尾后扬，张口吐舌，引颈下探衔下方铺首顶尖；下部为铺首衔环，环间及下方为菱形穿环，右侧及下边有双框。
著录与文献	苏肇平主编：《萧县汉画像石集·汉石刻艺术》，南昌：江西美术出版社，2000 年，第 10 页，图 11；安徽省文物考古研究所，安徽省萧县博物馆编著：《萧县汉墓》，北京：文物出版社，2008 年，第 109 页，图 68i。
收藏单位	萧县博物馆

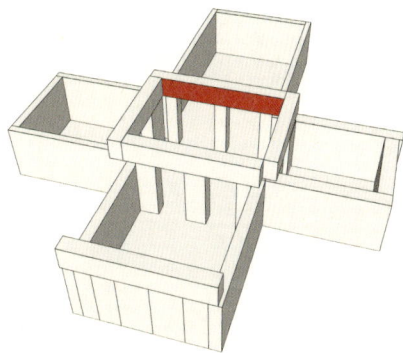

编号	AH-XX-011-12
时代	东汉
出土/征集地	破阁 M61
出土/征集时间	1999 年
原石尺寸	45×207
质地	石灰岩
原石情况	原石呈长方形，断为左右两块，右端残。
组合关系	中室北壁门楣
画面简述	此图为剔地浅浮雕。画面中部一龙，头生一角，张口曲颈，长尾后伸，通身披鳞，自龙首至后足下缘皆有毛羽，爪有三趾；其右一小龙，头生一角，长尾后扬，通身披鳞，自龙首至后足皆有毛羽，爪有三趾，返身仰首；右端一卧羊，左向回首右望，上、下、左三边有双框，框间填刻波形纹。
著录与文献	苏肇平主编：《萧县汉画像石集·汉石刻艺术》，南昌：江西美术出版社，2000 年，第 13 页，图 17。
收藏单位	萧县博物馆

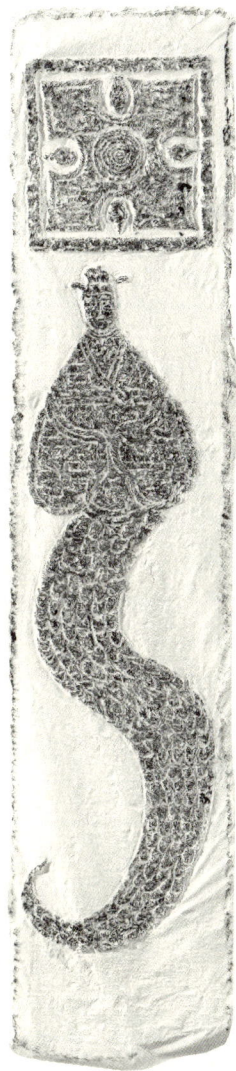

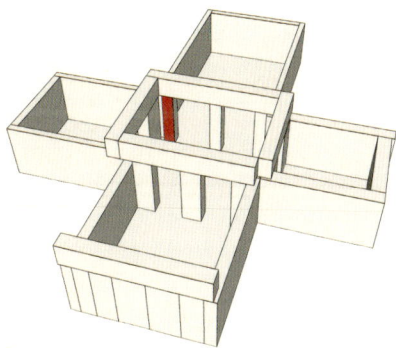

编号	AH-XX-011-13
时代	东汉
出土/征集地	破阁 M61
出土/征集时间	1999 年
原石尺寸	130×38
质地	石灰岩
原石情况	原石呈长方形,基本完整。
组合关系	中室北壁左立柱
画面简述	此图为浅浮雕。画面分为上下两部分,上部为一方形柿蒂纹图案,四周有框。下部为一半人半蛇神,头梳三髻,上身着宽袖袍服,左衽;下为蛇身,可见鳞片,尾部稍稍内卷。
著录与文献	
收藏单位	萧县博物馆

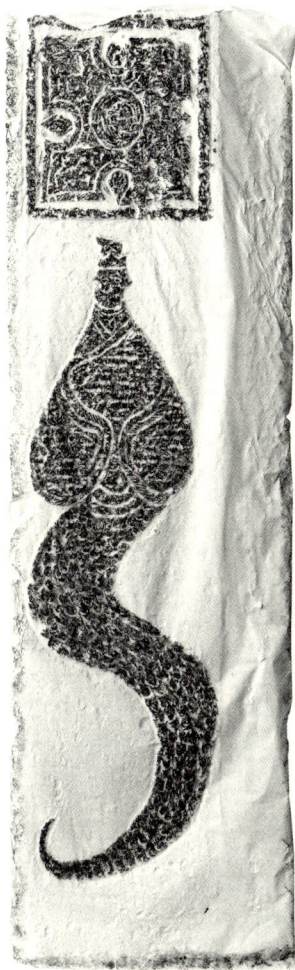

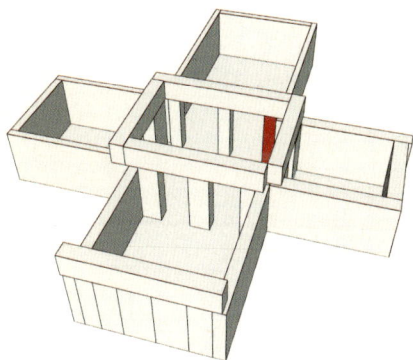

编号	AH-XX-011-14(1)
时代	东汉
出土/征集地	破阁 M61
出土/征集时间	1999 年
原石尺寸	122×27.5×38.5
质地	石灰岩
原石情况	原石呈长方形，上侧略残。
组合关系	中室北壁右立柱正面
画面简述	此图为浅浮雕。画面上部刻一框，框内为柿蒂纹型图案；下部刻半人半蛇神，头戴进贤冠，蛇尾弯曲内卷，其上可见鳞片。
著录与文献	苏肇平主编：《萧县汉画像石集·汉石刻艺术》，南昌：江西美术出版社，2000 年，第 4 页，图 1。
收藏单位	萧县博物馆

AH-XX-011-14(1) 局部

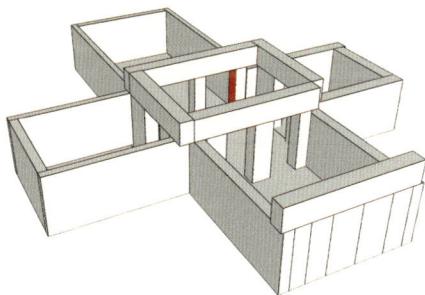

编　　号	AH-XX-011-14(2)
时　　代	东汉
出土/征集地	破阁 M61
出土/征集时间	1999 年
原石尺寸	122×38.5×27.5
质　　地	石灰岩
原石情况	原石呈长方形，基本完整。
组合关系	中室北壁右立柱侧面
画面简述	此图为浅浮雕。刻一龙，头有一角，张口露齿，通身披鳞，爪有三趾，长尾后扬而上行。
著录与文献	
收藏单位	萧县博物馆

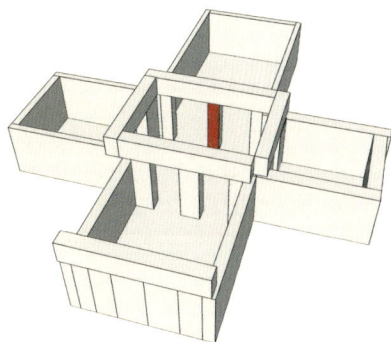

编号	AH-XX-011-15(1)
时代	东汉
出土/征集地	破阁 M61
出土/征集时间	1999 年
原石尺寸	121×28.5×30
质地	石灰岩
原石情况	原石呈长方形，基本完整。
组合关系	中室北壁中立柱正面
画面简述	此图为浅浮雕。画面分上下两格，上格刻一力士（神怪?），有须（？），胸前可见双乳，双手举过头顶，呈马步姿势，双膝及脚踝可见饰带；下格刻一人，头戴网状武弁（？），着过膝长袍，右向躬身而立。
著录与文献	苏肇平主编：《萧县汉画像石集·汉石刻艺术》，南昌：江西美术出版社，2000 年，第 16 页，图 20。
收藏单位	萧县博物馆

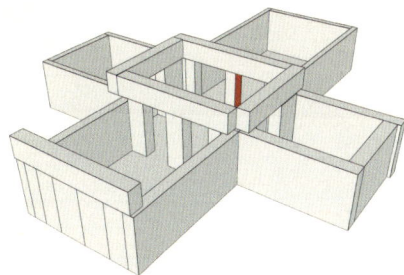

编号	AH-XX-011-15(2)
时代	东汉
出土/征集地	破阁 M61
出土/征集时间	1999 年
原石尺寸	121×30×28.5
质地	石灰岩
原石情况	原石呈长方形，基本完整。
组合关系	中室北壁中立柱侧面
画面简述	此图为浅浮雕。刻一虎，张口露齿，肩背生翼，身有条纹，长尾扬起，足有三趾，上行。
著录与文献	苏肇平主编：《萧县汉画像石集·汉石刻艺术》，南昌：江西美术出版社，2000 年，第 20-21 页，图 26。
收藏单位	萧县博物馆

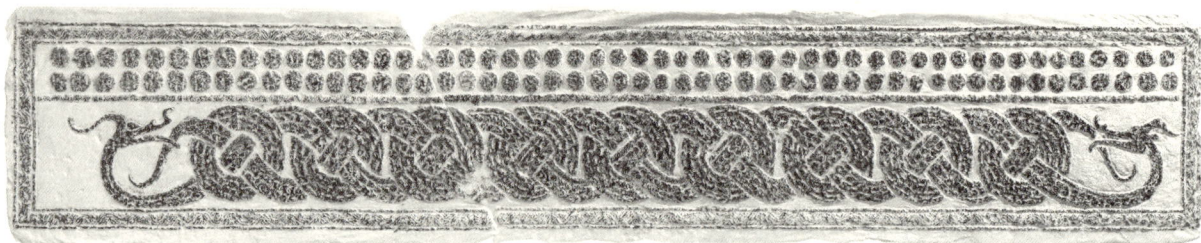

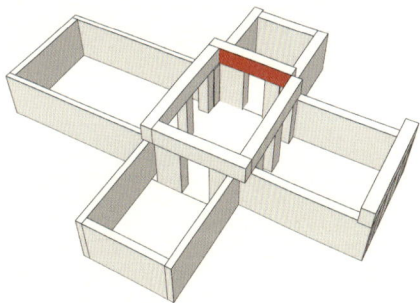

编号	AH-XX-011-16
时代	东汉
出土/征集地	破阁 M61
出土/征集时间	1999 年
原石尺寸	45×238×30
质地	石灰岩
原石情况	原石呈长方形，断为两块，断裂处上端略有残缺。
组合关系	中室东壁耳室门楣
画面简述	此图为浅浮雕。画面分上下两格，上格内填刻二排圆形点，下格刻二龙穿九璧，二龙皆张口回首，互衔其尾，四周有双框，框间填刻波形纹。
著录与文献	苏肇平主编：《萧县汉画像石集·汉石刻艺术》，南昌：江西美术出版社，2000 年，第 26-27 页，图 38；周水利：《安徽萧县新出土的汉代画像石》，《文物》，2010 年第 6 期，第 64 页，图 17；阿嘎尔：《汉画像砖石龙壁图案类型与功能初探》，中央民族大学，硕士学位论文，2015 年，第 36 页，图 3-9。
收藏单位	萧县博物馆

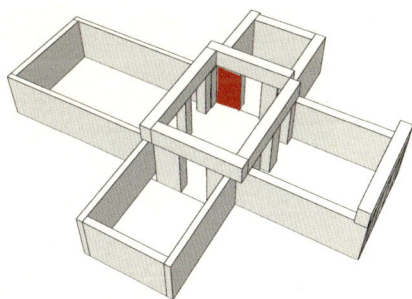

编号	AH-XX-011-17
时代	东汉
出土/征集地	破阁 M61
出土/征集时间	1999 年
原石尺寸	126×45×32
质地	石灰岩
原石情况	原石呈长方形，下端有残缺。
组合关系	中室东壁耳室左立柱
画面简述	此图为阴线刻。画面上部一龙，头生一角，长尾上卷，引颈下探，张口衔下方铺首顶尖。下部为铺首衔环，环间及下方为菱形带状纹饰。
著录与文献	
收藏单位	萧县博物馆

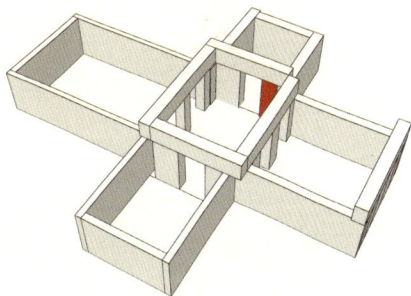

编号	AH-XX-011-18
时代	东汉
出土/征集地	破阁 M61
出土/征集时间	1999 年
原石尺寸	129×70×34
质地	石灰岩
原石情况	原石呈长方形，基本完整。
组合关系	中室东壁耳室右立柱
画面简述	此图为浅浮雕。画面分上、中、下三格，上格二人对面而坐，皆戴进贤（？）冠，居左者一手抬起；居右者肩披羽翼状物，袖手，身前悬一环形带状（饰物）。中格上部一凤鸟，头生羽冠，尾分四歧，双足立于屋顶；下有一四坡顶建筑，正脊两端上翘，瓦垄清晰；檐下二柱，柱顶各有柱头（替木或实拍栱？），下有柱础；柱间二人对面而坐，居左者戴进贤（？）冠，居右者戴武弁（？），皆抬手似交谈状。下格为二马，皆有鞍，抬前足左向而行。四周有框。
著录与文献	苏肇平主编：《萧县汉画像石集·汉石刻艺术》，南昌：江西美术出版社，2000 年，第 5 页，图 3；周水利：《安徽萧县新出土的汉代画像石》，《文物》，2010 年第 6 期，第 64 页，图 15；安徽省文物局、安徽省文物考古研究所编：《建国 60 周年安徽重要考古成果展专辑图录》，北京：文物出版社，2014 年，第 283 页，图 4-2-5-6。
收藏单位	萧县博物馆

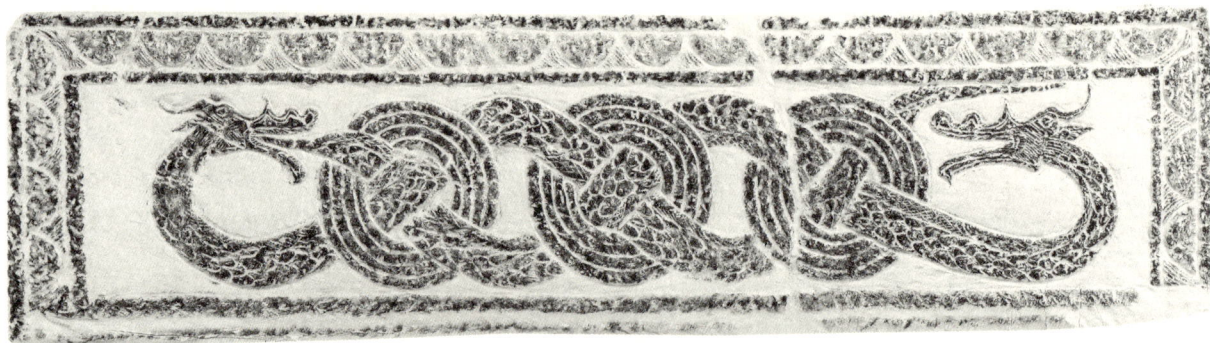

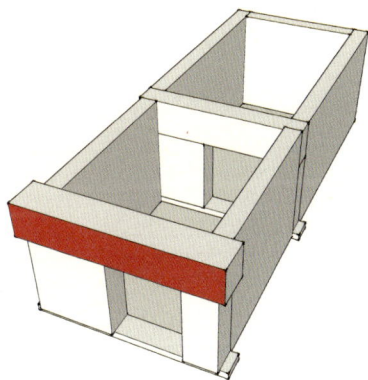

编号	AH-XX-012-01
时代	东汉
出土/征集地	破阁 M88
出土/征集时间	1999 年
原石尺寸	44×245
质地	石灰岩
原石情况	原石呈长方形，断为两块。
组合关系	墓室门楣
画面简述	此图为浅浮雕。画面为二龙穿三璧，二龙通身披鳞，颌下至尾端下缘可见毛羽，皆回首互衔其尾，四周有框，其中上、左、右三边为双层框，框间填刻连弧纹。
著录与文献	
收藏单位	萧县博物馆

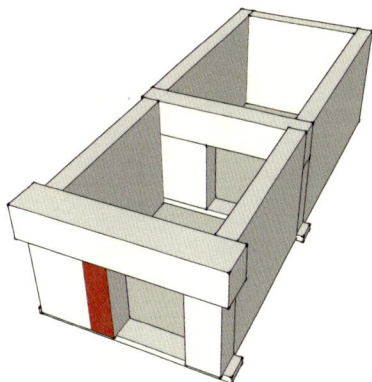

编号	AH-XX-012-02(1)
时代	东汉
出土/征集地	破阁 M88
出土/征集时间	1999 年
原石尺寸	107×31×41
质地	石灰岩
原石情况	原石呈长方形，右上角残。
组合关系	墓门门柱正面
画面简述	此图为浅浮雕。画面为菱形穿环纹饰，四周有框。
著录与文献	苏肇平主编：《萧县汉画像石集·汉石刻艺术》，南昌：江西美术出版社，2000 年，第 7 页，图 6。
收藏单位	萧县博物馆

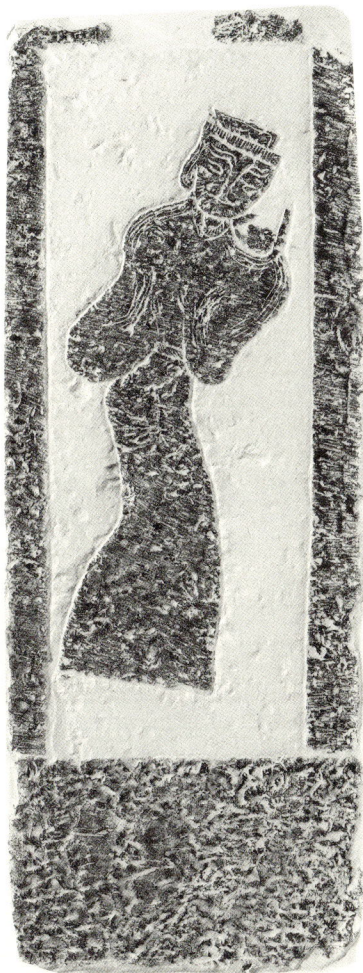

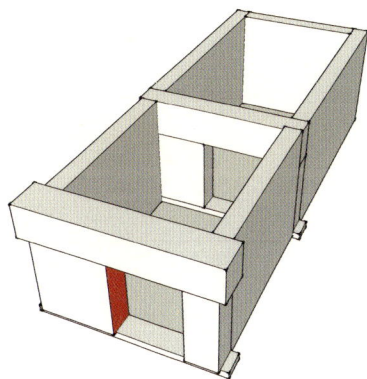

编号	AH-XX-012-02(2)
时代	东汉
出土/征集地	破阁 M88
出土/征集时间	1999 年
原石尺寸	107×41×31
质地	石灰岩
原石情况	原石呈长方形，基本完整。
组合关系	墓门门柱侧面
画面简述	此图为浅浮雕。画面为一人（门吏？），似戴冠，浓眉有须，着及地长袍，腰间束带，头部转向正面，似持笏，微屈膝躬身右向而立，四周有框。
著录与文献	
收藏单位	萧县博物馆

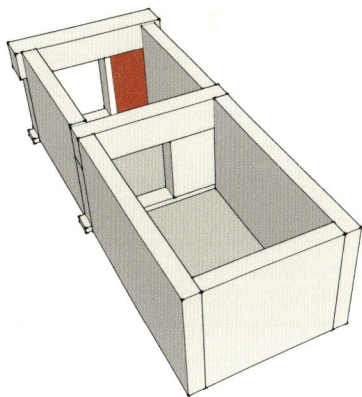

编号	AH-XX-012-03
时代	东汉
出土/征集地	破阁 M88
出土/征集时间	1999 年
原石尺寸	114×106×29
质地	石灰岩
原石情况	原石呈长方形，基本完整。
组合关系	前室右立柱南面
画面简述	此图为剔地浅浮雕。刻二人，居左者头戴冠（？），须髯连鬓，着及足长袍，身前腰上系一带状弧形饰（？）物，饰网纹；居右者戴网状武弁，须髯连鬓，着及足长袍，似一手持笏，一手置胸前；二者头皆转向正面，躬身左向而立。四周有框，上为双层边框，框间填刻连弧纹。
著录与文献	苏肇平主编：《萧县汉画像石集·汉石刻艺术》，南昌：江西美术出版社，2000 年，第 14-15 页，图 18。
收藏单位	萧县博物馆

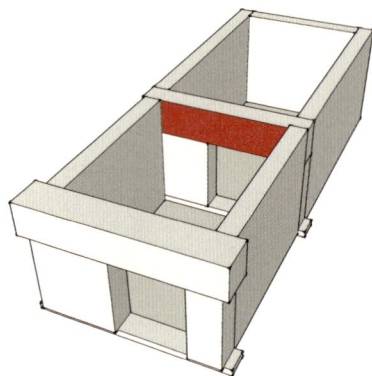

编号	AH-XX-012-04
时代	东汉
出土/征集地	破阁 M88
出土/征集时间	1999 年
原石尺寸	50×162.2×36
质地	石灰岩
原石情况	原石呈长方形，断为两块，断裂处残缺。

组合关系	后室门楣
画面简述	此图为浅浮雕。画面分为上下两格，上格为菱形穿环纹。下格左侧可见一兽首及前趾，具体形象不明；中间一龙，有角，张口露齿，背生双翼，通身披鳞，四爪有三趾；右侧一兽鸟首，通身披鳞，长尾后扬，四爪有三趾。上、左、右三边有框，框间填刻连弧纹。
著录与文献	苏肇平主编：《萧县汉画像石集·汉石刻艺术》，南昌：江西美术出版社，2000年，第6页，图4。
收藏单位	萧县博物馆

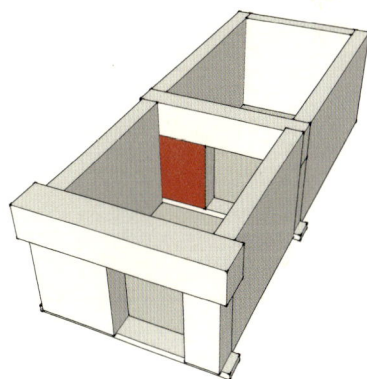

编号	AH-XX-012-05(1)
时代	东汉
出土/征集地	破阁 M88
出土/征集时间	1999 年
原石尺寸	109×102×32
质地	石灰岩
原石情况	原石呈长方形，基本完整。
组合关系	后室左立柱
画面简述	此图为阴线刻。画分两格，上格中央一建鼓，鼓上有华盖及带状羽葆；两侧各一人，皆着短衣，曲膝持桴击鼓。下格左侧一人，着及膝袍（裙），右向而行，其右为一马轺车，前有御者后有尊者，车辕可见网状纹。上、左、右三边有框，其中上、右两边为双框，仅上边框间填刻连弧纹。
著录与文献	苏肇平主编：《萧县汉画像石集·汉石刻艺术》，南昌：江西美术出版社，2000 年，第 10-11 页，图 12。
收藏单位	萧县博物馆

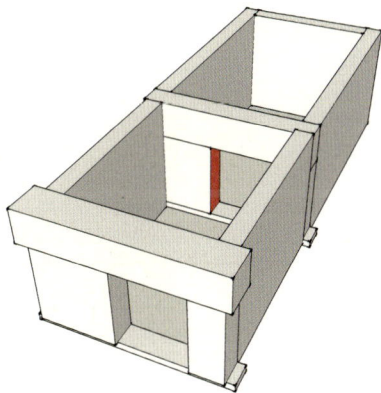

编号	AH-XX-012-05(2)
时代	东汉
出土/征集地	破阁 M88
出土/征集时间	1999 年
原石尺寸	109×32×102
质地	石灰岩
原石情况	原石呈长方形，基本完整。
组合关系	后室左立柱侧面
画面简述	此图为阴线刻。画面为一人（书吏？），头戴（介？）帻，颔下有须，转头面向正面，着及地长袍，一手持一尖端向上的毛笔状物（？），低首躬身左向而立。四周有框。
著录与文献	
收藏单位	萧县博物馆

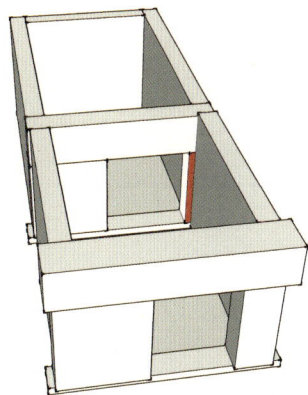

编号	AH-XX-012-06(1)
时代	东汉
出土/征集地	破阁 M88
出土/征集时间	1999 年
原石尺寸	112×22×43
质地	石灰岩
原石情况	原石呈长方形，基本完整。
组合关系	后室右立柱正面
画面简述	此图为浅浮雕。刻波形纹饰，左右两侧有框。
著录与文献	
收藏单位	萧县博物馆

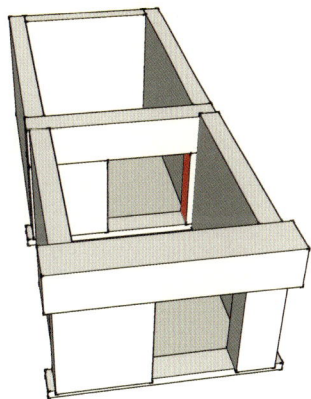

编号	AH-XX-012-06(2)
时代	东汉
出土/征集地	破阁 M88
出土/征集时间	1999 年
原石尺寸	112×43×30
质地	石灰岩
原石情况	原石呈长方形，基本完整。
组合关系	后室右立柱侧面
画面简述	此图为浅浮雕。画面为一人（门吏？），头戴武弁（？），着及地长袍，宽袖垂胡，躬身持笏右向而立。四周有框。
著录与文献	苏肇平主编：《萧县汉画像石集·汉石刻艺术》，南昌：江西美术出版社，2000 年，第 8 页，图 7。
收藏单位	萧县博物馆

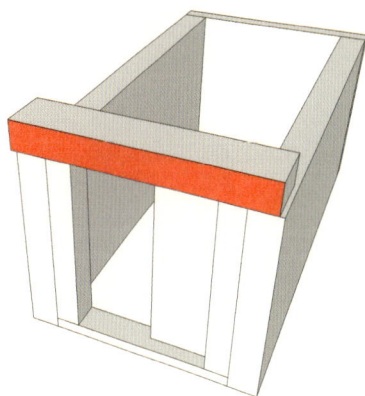

编号	AH-XX-013-01
时代	东汉
出土/征集地	破阁 M127
出土/征集时间	1999 年
原石尺寸	38.5×201
质地	石灰岩
原石情况	原石呈长方形，断为三块。
组合关系	墓室门楣
画面简述	此图为浅浮雕。画面为二龙穿三环，二龙皆张口回首，互衔其尾。四周有框。
著录与文献	安徽省文物考古研究所，安徽省萧县博物馆编著：《萧县汉墓》，北京：文物出版社，2008 年，第 191 页，图 110b。
收藏单位	萧县博物馆

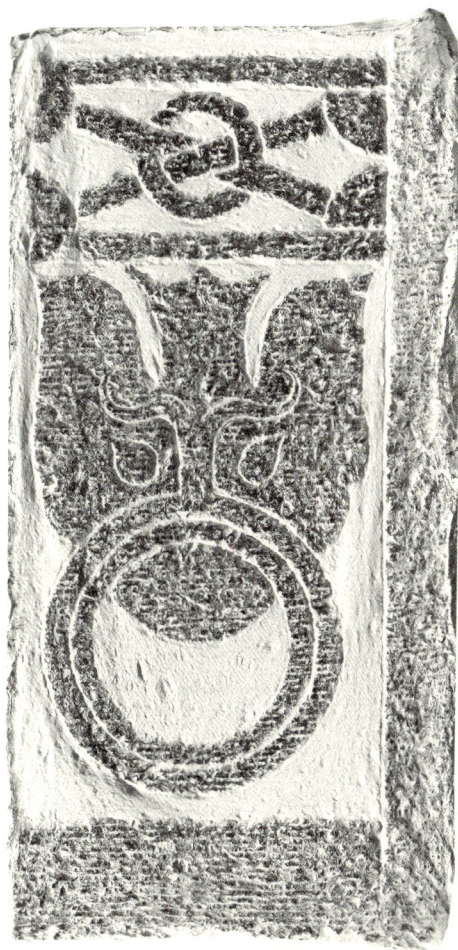

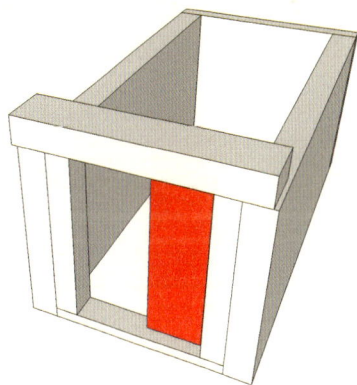

编号	AH-XX-013-02
时代	东汉
出土/征集地	破阁 M127
出土/征集时间	1999 年
原石尺寸	110×53×9
质地	石灰岩
原石情况	原石呈长方形，基本完整。
组合关系	墓门扉右扇
画面简述	此图为浅浮雕。画面分上下两格，上格为菱形穿环纹；下格为铺首衔环，环为双层。上、下、右三边有框。
著录与文献	安徽省文物考古研究所，安徽省萧县博物馆编著：《萧县汉墓》，北京：文物出版社，2008 年，第 191 页，图 110b。
收藏单位	萧县博物馆

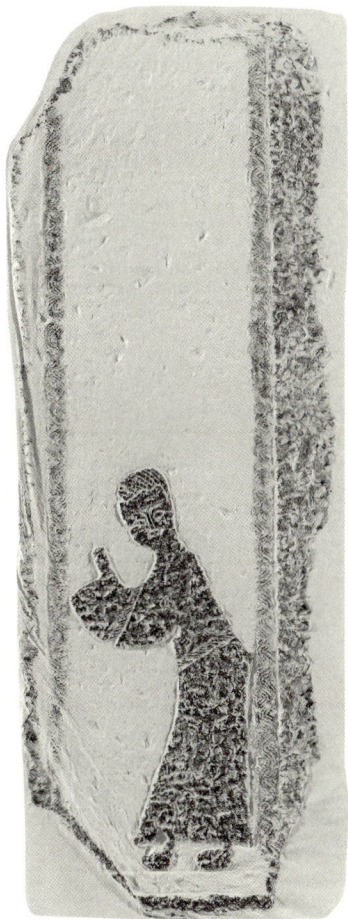

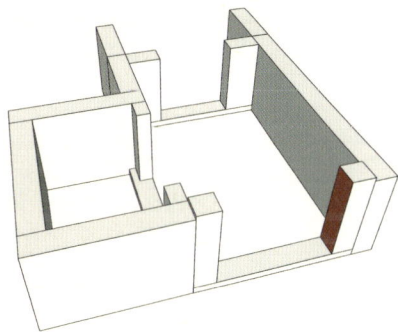

编号	AH-XX-014-01
时代	东汉
出土/征集地	破阁 M159
出土/征集时间	1999 年
原石尺寸	112×42
质地	石灰岩
原石情况	原石呈长方形，基本完整。
组合关系	墓门右立柱
画面简述	此图为浅浮雕。画面下部一人（门吏？），头戴网状武弁（？），转头面向正面，着过膝长袍，腰间及臂弯处束带，侧身向左，拱手持笏（？），躬身而立。左、右、下三边有框，左右框内填刻波形纹。
著录与文献	苏肇平主编：《萧县汉画像石集·汉石刻艺术》，南昌：江西美术出版社，2000 年，第 12 页，图 13。
收藏单位	萧县博物馆

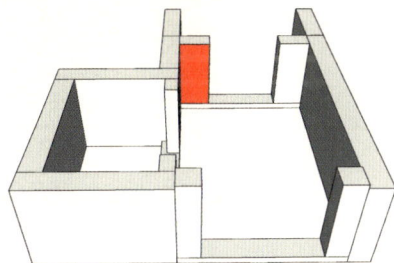

编号	AH-XX-014-02(1)
时代	东汉
出土/征集地	破阁 M159
出土/征集时间	1999 年
原石尺寸	112×51×25
质地	石灰岩
原石情况	原石呈长方形，基本完整。
组合关系	后室门道左立柱
画面简述	此图为剔地浅浮雕。画面为菱形穿环纹，四周有双层边框，框间填刻波形纹。
著录与文献	苏肇平主编：《萧县汉画像石集·汉石刻艺术》，南昌：江西美术出版社，2000 年，第 12 页，图 13。
收藏单位	萧县博物馆

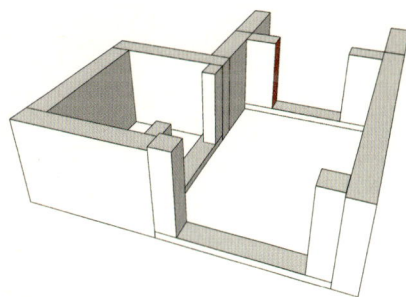

编号	AH-XX-014-02(2)
时代	东汉
出土/征集地	破阁 M159
出土/征集时间	1999 年
原石尺寸	
质地	石灰岩
原石情况	原石呈长方形，基本完整。
组合关系	后室门道左立柱内侧
画面简述	此图为阴线刻。画面一人，头戴冠，着及地长袍，转头面向正面，躬身向右而立。
著录与文献	苏肇平主编：《萧县汉画像石集·汉石刻艺术》，南昌：江西美术出版社，2000 年，第 17 页，图 22。
收藏单位	萧县博物馆

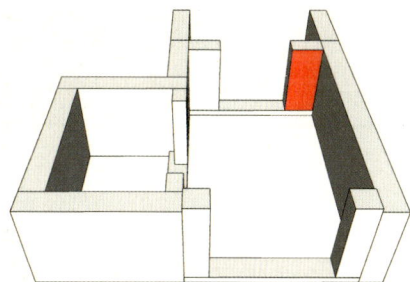

编号	AH-XX-014-03(1)
时代	东汉
出土/征集地	破阁 M159
出土/征集时间	1999 年
原石尺寸	105×43×21
质地	石灰岩
原石情况	原石呈长方形，右端残缺。
组合关系	后室门道右立柱
画面简述	此图为浅浮雕。刻菱形穿环纹。上、下、左三边有波形纹框。
著录与文献	
收藏单位	萧县博物馆

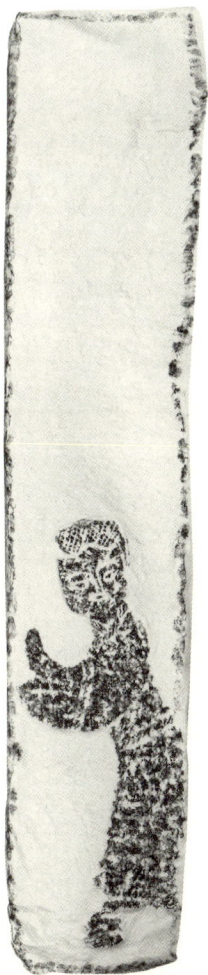

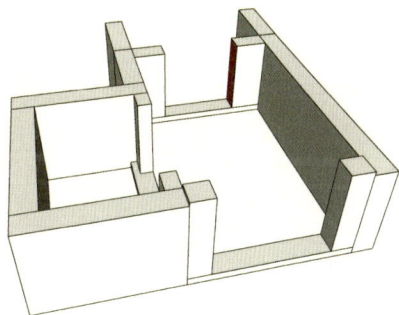

编号	AH-XX-014-03(2)
时代	东汉
出土/征集地	破阁 M159
出土/征集时间	1999 年
原石尺寸	105×21×43
质地	石灰岩
原石情况	原石呈长方形，基本完整。
组合关系	后室门道右立柱内侧
画面简述	此图为浅浮雕。画面下端刻一人，着过膝长袍，肘部及腰部有束带，头转向正面，左向拱手躬身而立。
著录与文献	苏肇平主编:《萧县汉画像石集·汉石刻艺术》，南昌：江西美术出版社，2000 年，第 12 页，图 14。
收藏单位	萧县博物馆

编号	AH-XX-015-01
时代	东汉
出土/征集地	破阁汉墓群
出土/征集时间	2000 年
原石尺寸	107×53×8
质地	石灰岩
原石情况	原石呈长方形，基本完整。
组合关系	
画面简述	此图为浅浮雕。画面分上下两格，上格为菱形穿环纹；下格为铺首衔环。四周有框，其中上、右边框刻波形纹，下边框刻菱形纹。
著录与文献	
收藏单位	萧县博物馆

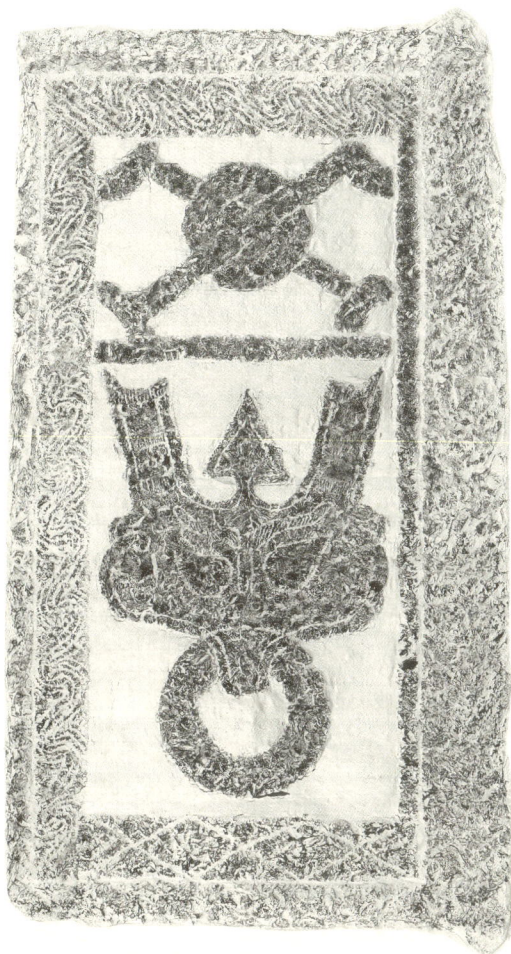

编号	AH-XX-015-02
时代	东汉
出土/征集地	破阁汉墓群
出土/征集时间	2000 年
原石尺寸	106×56×11
质地	石灰岩
原石情况	原石呈长方形，基本完整。
组合关系	
画面简述	此图为浅浮雕。画面分上下两格，上格为菱形穿环纹；下格为铺首衔环。四周有框，其中上、左边框刻波形纹，下边框刻菱形纹。
著录与文献	
收藏单位	萧县博物馆

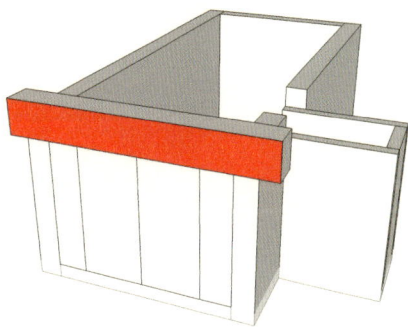

编号	AH-XX-016-01
时代	东汉
出土/征集地	王山窝 M22
出土/征集时间	2012 年
原石尺寸	39×185×22
质地	石灰岩
原石情况	原石呈长方形，基本完整。
组合关系	墓室门楣
画面简述	此图为浅浮雕。刻二龙穿三环，二龙皆张口回首，互衔其尾。四周有框。
著录与文献	安徽省文物考古研究所，安徽省萧县博物馆编著：《萧县汉墓》，北京：文物出版社，2008 年，第 93 页，图 61b；孔珂：《皖北汉画像石综合研究》，安徽大学，硕士学位论文，2012 年，第 22 页，图 4。
收藏单位	萧县博物馆

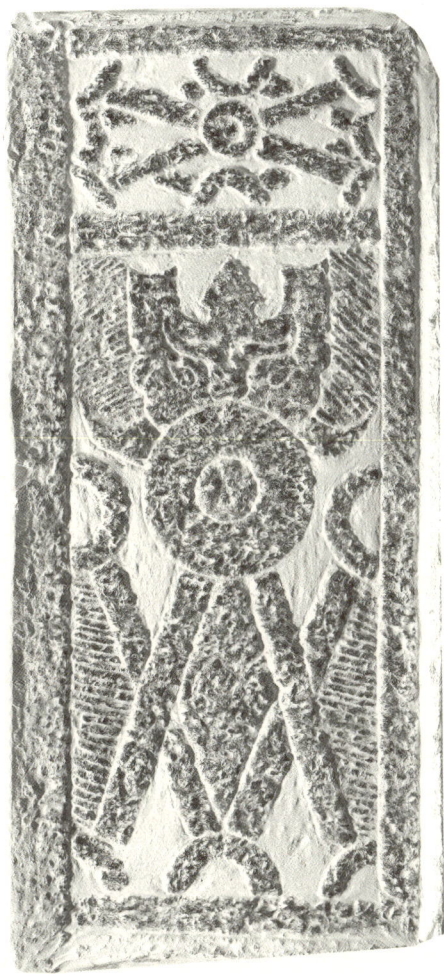

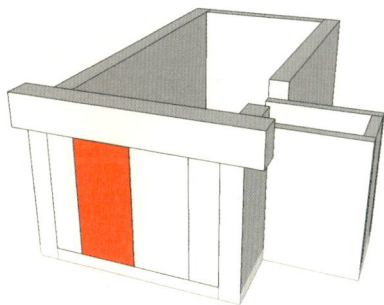

编号	AH-XX-016-02
时代	东汉
出土/征集地	王山窝 M22
出土/征集时间	2000 年
原石尺寸	120×55×10
质地	石灰岩
原石情况	原石呈长方形，基本完整。
组合关系	墓门左门扉
画面简述	此图为浅浮雕。画面分上下两格，上格为菱形穿环纹；下格一铺首衔环。铺首下有菱形穿环纹，两侧部分空白处填刻斜线纹。四周有框。
著录与文献	安徽省文物考古研究所，安徽省萧县博物馆编著：《萧县汉墓》，北京：文物出版社，2008 年，第 93 页，图 61-b；孔珂：《皖北汉画像石综合研究》，安徽大学，硕士学位论文，2012 年，第 22 页，图 4。
收藏单位	萧县博物馆

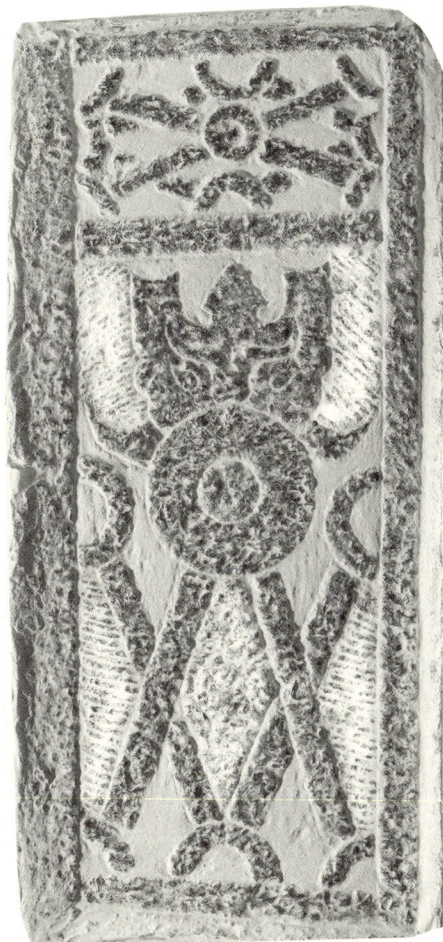

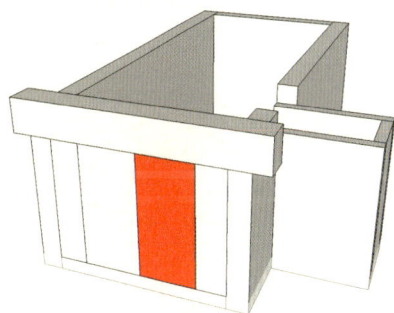

编号	AH-XX-016-03
时代	东汉
出土/征集地	王山窝 M22
出土/征集时间	2009 年
原石尺寸	124×58×10
质地	石灰岩
原石情况	原石呈长方形，基本完整。
组合关系	墓门右门扉
画面简述	此图为浅浮雕。画面分上下两格，上格刻菱形穿璧。下格刻铺首衔环，环为双层，环侧有须上翘，环下有菱形穿璧纹。四周有框。
著录与文献	安徽省文物考古研究所，安徽省萧县博物馆编著：《萧县汉墓》，北京：文物出版社，2008 年，第 93 页，图 61b；孔珂：《皖北汉画像石综合研究》，安徽大学，硕士学位论文，2012 年，第 22 页，图 4。
收藏单位	萧县博物馆

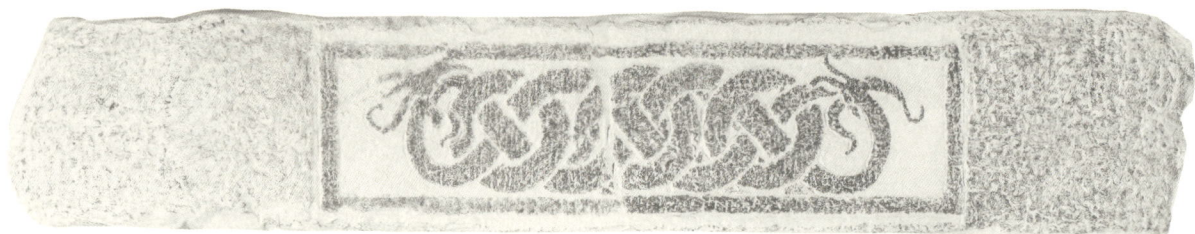

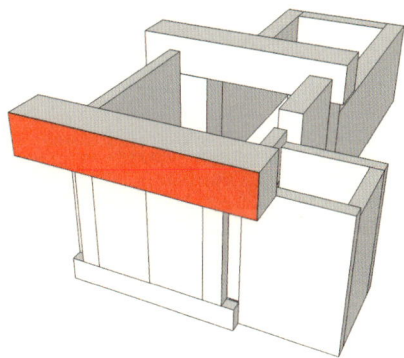

编号	AH-XX-017-01
时代	东汉
出土/征集地	王山窝 M23
出土/征集时间	1999 年
原石尺寸	41×230×27
质地	石灰岩
原石情况	原石呈长方形，断为左右两块。
组合关系	墓室门楣
画面简述	此图为浅浮雕。画面为二龙穿三环，二龙皆张口回首，互衔其尾。四周有框。
著录与文献	安徽省文物考古研究所，安徽省萧县博物馆编著：《萧县汉墓》，北京：文物出版社，2008 年，第 95 页，图 62b；阿嘎尔：《汉画像砖石龙壁图案类型与功能初探》，中央民族大学，硕士学位论文，2015 年，第 36 页，图 3-18。
收藏单位	萧县博物馆

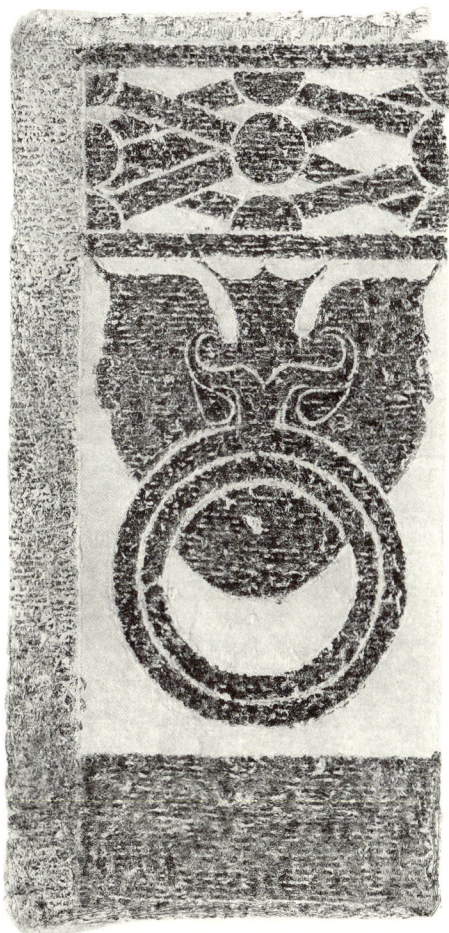

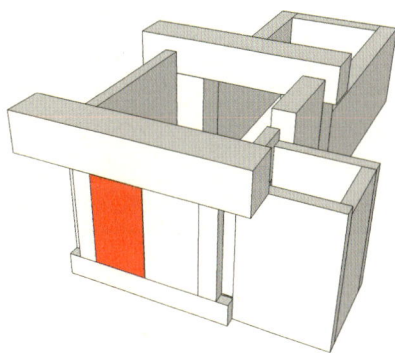

编号	AH-XX-017-02
时代	东汉
出土/征集地	王山窝 M23
出土/征集时间	1999 年
原石尺寸	111×52×8
质地	石灰岩
原石情况	原石呈长方形，基本完整。
组合关系	墓门左门扉
画面简述	此图为浅浮雕。画面分为上下两格，上格为菱形穿璧纹；下格为铺首衔环，环为双层。上、下、左三边有框。
著录与文献	安徽省文物考古研究所，安徽省萧县博物馆编著：《萧县汉墓》，北京：文物出版社，2008 年，第 95 页，图 62b。
收藏单位	萧县博物馆

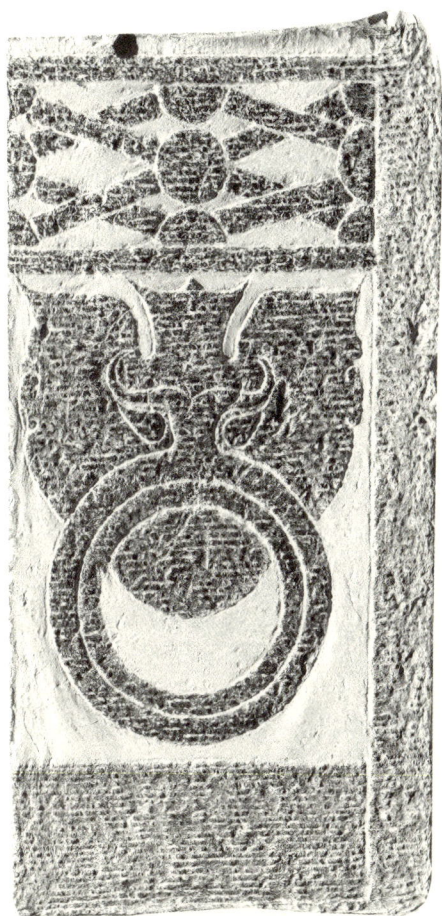

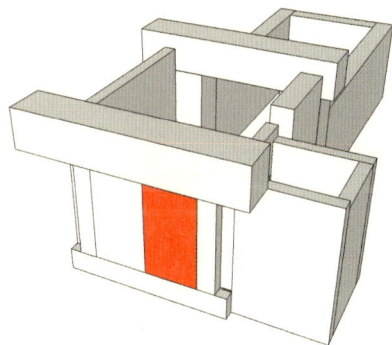

编号	AH-XX-017-03
时代	东汉
出土/征集地	王山窝 M23
出土/征集时间	1999 年
原石尺寸	110×54×10
质地	石灰岩
原石情况	原石呈长方形，基本完整。
组合关系	墓门右门扉
画面简述	此图为浅浮雕。画面分为上下两格，上格为菱形穿璧纹，下格为铺首衔环，环为双层，上、下、右三边有框。
著录与文献	安徽省文物考古研究所，安徽省萧县博物馆编著：《萧县汉墓》，北京：文物出版社，2008 年，第 95 页，图 62b。
收藏单位	萧县博物馆

编号	AH-XX-018-01(1)
时代	东汉
出土/征集地	王山窝 M24
出土/征集时间	1999 年
原石尺寸	41×210×29
质地	石灰岩
原石情况	原石呈长方形，基本完整。
组合关系	墓室门楣
画面简述	此图为浅浮雕。画面刻二龙穿三璧，二龙皆张口回首，互衔其尾。四周有框。
著录与文献	安徽省文物考古研究所，安徽省萧县博物馆编著：《萧县汉墓》，北京：文物出版社，2008 年，第 97 页，63b。
收藏单位	萧县博物馆

编号	AH-XX-018-01(2)
时代	东汉
出土/征集地	王山窝 M24
出土/征集时间	1999 年
原石尺寸	41×210×29
质地	石灰岩
原石情况	原石呈长方形，右上角残。
组合关系	墓室门楣背面
画面简述	此图为浅浮雕。画面分两格，上格填刻连弧纹，下格左端一人，蹲踞持弩右向而射，其右一鹿，头生双角，四蹄腾空，左向奔跑；右端一虎，张口扬尾，左向奔跑，四周有框。
著录与文献	苏肇平主编：《萧县汉画像石集·汉石刻艺术》，南昌：江西美术出版社，2000 年，第 26-27 页，图 37。
收藏单位	萧县博物馆

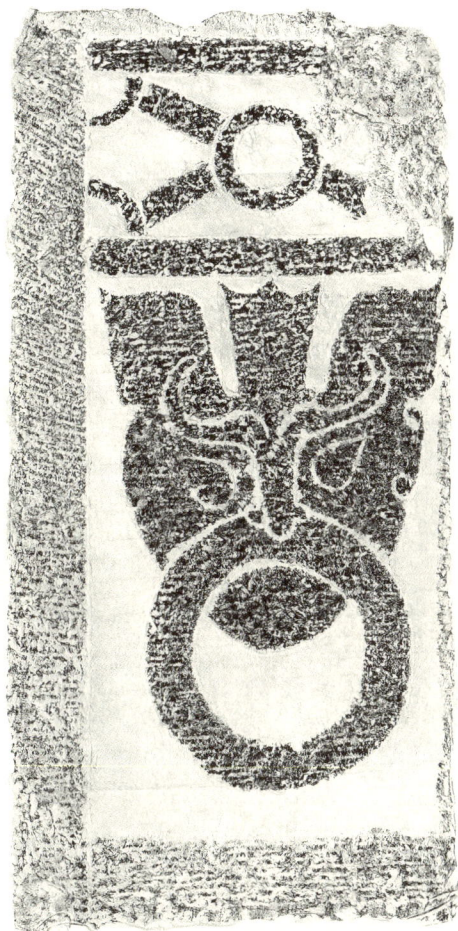

编号	AH-XX-018-02
时代	东汉
出土/征集地	王山窝 M24
出土/征集时间	1999 年
原石尺寸	101×49.5×9
质地	石灰岩
原石情况	原石呈长方形，基本完整。
组合关系	墓门左门扉
画面简述	此图为浅浮雕。画面分为上下两格，上格为菱形穿环纹，下格为铺首衔环。上、下、左三边有框。
著录与文献	安徽省文物考古研究所，安徽省萧县博物馆编著：《萧县汉墓》，北京：文物出版社，2008 年，第 97 页，63b。
收藏单位	萧县博物馆

编号	AH-XX-018-03
时代	东汉
出土/征集地	王山窝 M24
出土/征集时间	1999 年
原石尺寸	102.5×49×8
质地	石灰岩
原石情况	原石呈长方形，基本完整。
组合关系	墓门右门扉
画面简述	此图为浅浮雕。画面分为上下两格，上格为菱形穿环纹，下格为铺首衔环。上、下、右三边有框。
著录与文献	安徽省文物考古研究所，安徽省萧县博物馆编著：《萧县汉墓》，北京：文物出版社，2008 年，第 97 页，63b。
收藏单位	萧县博物馆

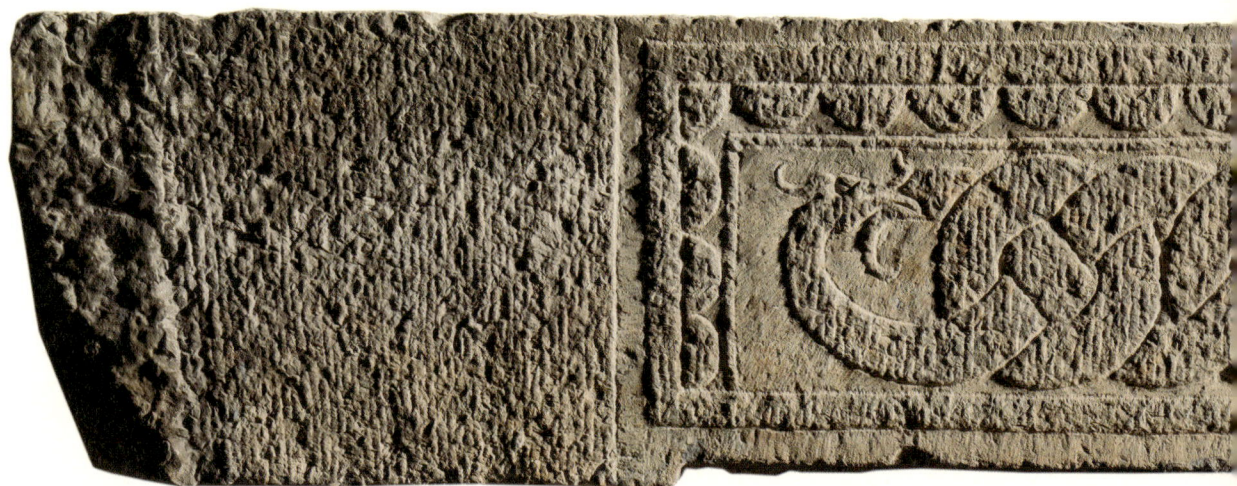

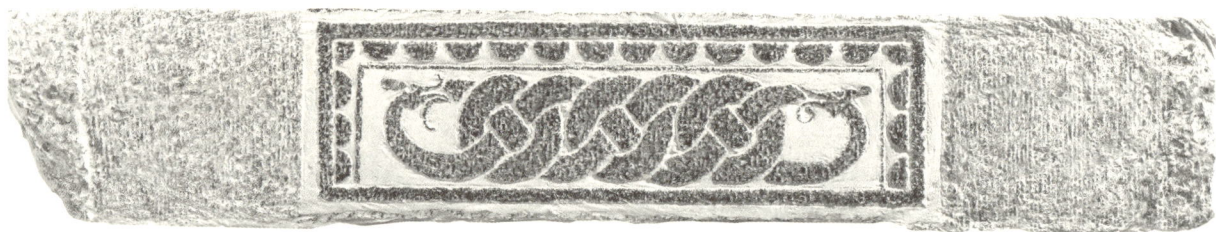

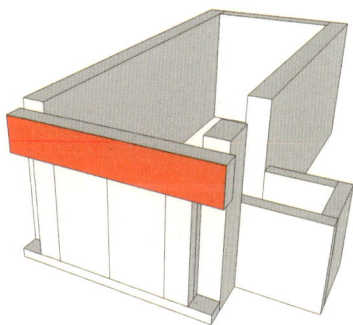

编号	AH-XX-019-01
时代	东汉
出土/征集地	王山窝 M50
出土/征集时间	1999 年
原石尺寸	44×220×18
质地	石灰岩
原石情况	原石呈长方形，基本完整。
组合关系	墓室门楣
画面简述	此图为浅浮雕。画面为二龙穿三璧，二龙皆回首，互衔其尾。画面四周有框，其中上、左、右三边为双层框，框间填刻弧形纹。
著录与文献	安徽省文物考古研究所，安徽省萧县博物馆编著：《萧县汉墓》，北京：文物出版社，2008 年，第 105 页，67b。
收藏单位	萧县博物馆

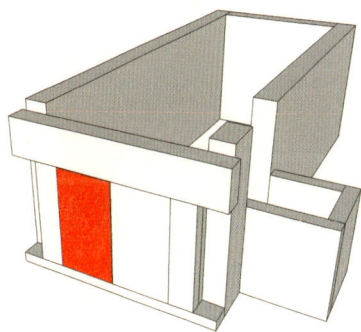

编号	AH-XX-019-02
时代	东汉
出土/征集地	王山窝 M50
出土/征集时间	1999 年
原石尺寸	120×60×12
质地	石灰岩
原石情况	原石呈长方形，左上角残缺。
组合关系	墓室左门扉
画面简述	此图为浅浮雕。画面为上下两格，上为菱形穿环纹，下刻铺首衔环，环为双层。上、左两边有框。
著录与文献	安徽省文物考古研究所，安徽省萧县博物馆编著：《萧县汉墓》，北京：文物出版社，2008 年，第 106 页，67c。
收藏单位	萧县博物馆

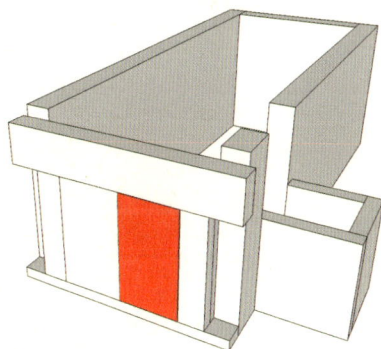

编号	AH-XX-019-03
时代	东汉
出土/征集地	王山窝 M50
出土/征集时间	1999 年
原石尺寸	124×64×11
质地	石灰岩
原石情况	原石呈长方形，断为两块。
组合关系	墓室右门扉
画面简述	此图为浅浮雕。画面分上下两格，上格刻菱形穿璧纹；下格刻铺首衔环，环为双层。上、右两边有框。
著录与文献	苏肇平主编《萧县汉画像石集·汉石刻艺术》，南昌：江西美术出版社，2000 年，第 8-9 页，图 8；安徽省文物考古研究所，安徽省萧县博物馆编著《萧县汉墓》，北京：文物出版社，2008 年，第 106 页，67c。
收藏单位	萧县博物馆

编号	AH-XX-020
时代	东汉
出土/征集地	王山窝汉墓群
出土/征集时间	1999 年
原石尺寸	64×57×11
质地	石灰岩
原石情况	原石呈长方形，上端残缺。
组合关系	
画面简述	此图为浅浮雕。可见铺首衔下半部，铺首下有梯形物（一说为帛）。
著录与文献	
收藏单位	萧县博物馆

编号	AH-XX-021
时代	东汉
出土/征集地	王山窝汉墓群
出土/征集时间	1999 年
原石尺寸	42×236×21
质地	石灰岩
原石情况	原石呈长方形，基本完整。
组合关系	
画面简述	此图为浅浮雕。画面为二龙穿三环、二龙皆张口回首，互衔其尾，四周有框。
著录与文献	
收藏单位	萧县博物馆

编号	AH-XX-022
时代	东汉
出土/征集地	王山窝汉墓群
出土/征集时间	1999 年
原石尺寸	42.5×244×25
质地	石灰岩
原石情况	原石呈长方形，基本完整。
组合关系	
画面简述	此图为浅浮雕。画面为二龙穿三环，二龙皆张口回首，互衔其尾，四周有框。
著录与文献	
收藏单位	萧县博物馆

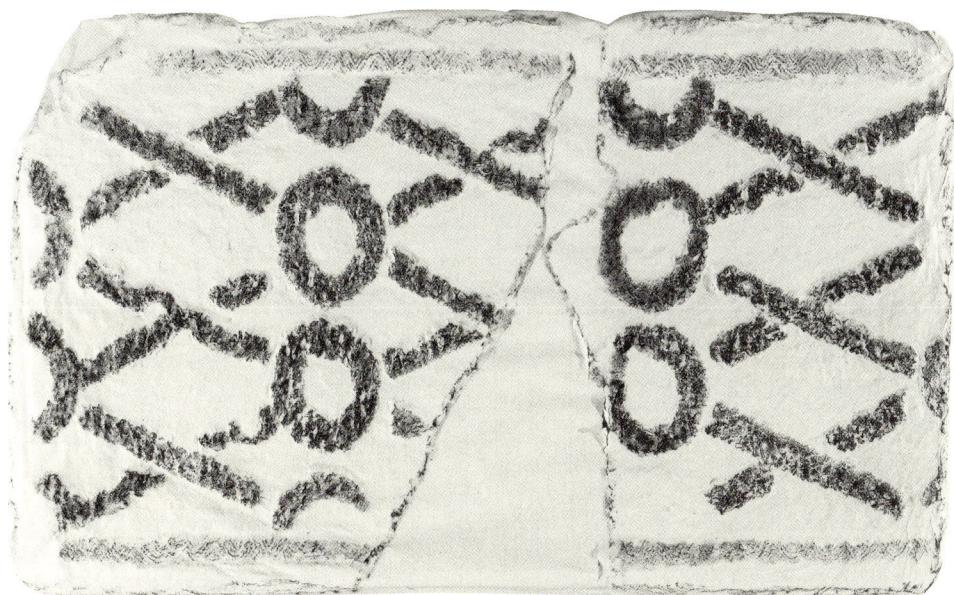

编号	AH-XX-023
时代	东汉
出土/征集地	王山窝汉墓群
出土/征集时间	1999 年
原石尺寸	52.5 × 105 × 24
质地	石灰岩
原石情况	原石呈长方形，断为二块，中间有残缺。
组合关系	
画面简述	此图为浅浮雕。画面刻菱形穿环纹。两边可见有双层边框，框间填刻波形纹。
著录与文献	
收藏单位	萧县博物馆

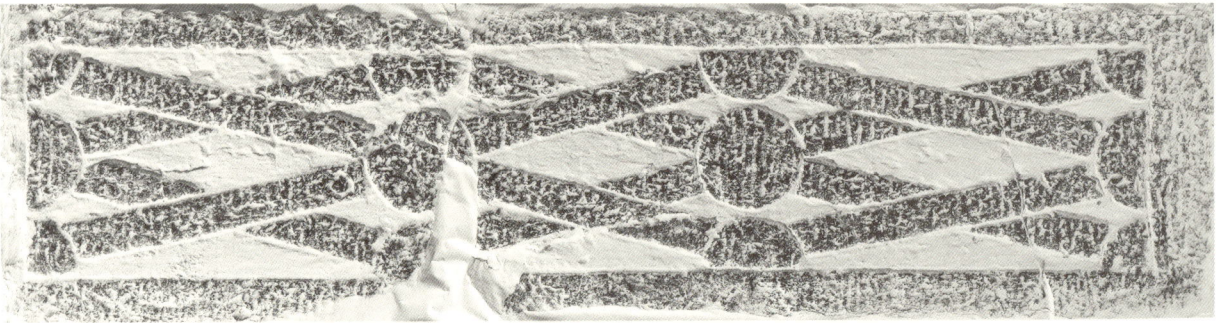

编号	AH-XX-024
时代	东汉
出土/征集地	王山窝汉墓群
出土/征集时间	1999 年
原石尺寸	28×111×20
质地	石灰岩
原石情况	原石呈长方形，断为三块。
组合关系	
画面简述	此图为浅浮雕。刻菱形穿壁纹，四周有框。
著录与文献	
收藏单位	萧县博物馆

编号	AH-XX-025
时代	东汉
出土/征集地	王山窝汉墓群
出土/征集时间	1999 年
原石尺寸	44×234×26
质地	石灰岩
原石情况	原石呈长方形，断为六块。
组合关系	
画面简述	此图为浅浮雕。刻菱形穿璧纹。四周有框，一边为双层边框，框间填刻连弧纹。
著录与文献	
收藏单位	萧县博物馆

编号	AH-XX-026
时代	东汉
出土/征集地	王山窝汉墓群
出土/征集时间	1999 年
原石尺寸	68×56×9
质地	石灰岩
原石情况	原石呈长方形，断为上下两块，下侧有残缺。
组合关系	
画面简述	此图为浅浮雕。画面分上下两格，上格为菱形穿环纹，下格仅可见铺首衔环的上半部分，下半部分残缺。
著录与文献	
收藏单位	萧县博物馆

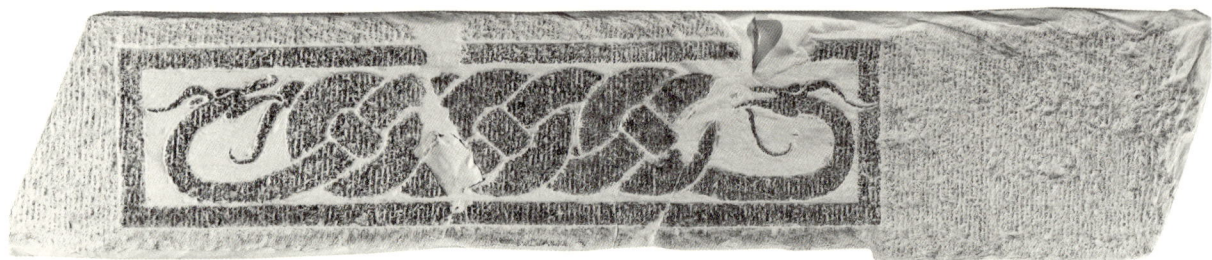

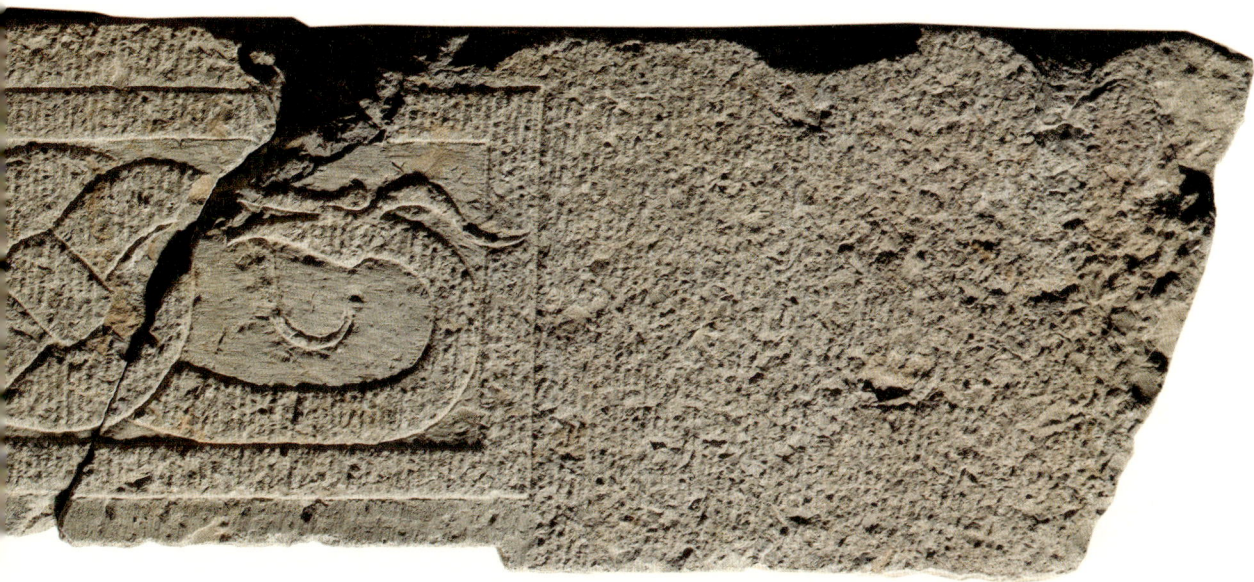

编号	AH-XX-027
时代	东汉
出土/征集地	王山窝汉墓群
出土/征集时间	1999 年
原石尺寸	42×196×23
质地	石灰岩
原石情况	原石呈长方形，断为三块。
组合关系	
画面简述	此图为浅浮雕。刻二龙穿三环，二龙皆张口回首，互衔其尾。四周有框。
著录与文献	
收藏单位	萧县博物馆

编号	AH-XX-028
时代	东汉
出土/征集地	王山窝汉墓群
出土/征集时间	1999 年
原石尺寸	108×52×8
质地	石灰岩
原石情况	原石呈长方形，断为上下两块。
组合关系	
画面简述	此图为浅浮雕。画面分上下两格，上格为菱形穿璧纹；下格为铺首衔环，铺首下有梯形物（一说为帛）。上、左两边有框。
著录与文献	
收藏单位	萧县博物馆

编号	AH-XX-029-01
时代	东汉
出土/征集地	王山窝汉墓群
出土/征集时间	2000 年
原石尺寸	106×47×10
质地	石灰岩
原石情况	原石呈长方形，基本完整，左侧可见门枢。
组合关系	
画面简述	此图为浅浮雕。画面分上、下两格，上格为菱形穿壁纹，下格为铺首衔环，可见铺首下方有梯形物（一说为帛），环下部可见一"x"形刻线。上、左两边有框。
著录与文献	
收藏单位	萧县博物馆

编号	AH-XX-029-02
时代	东汉
出土/征集地	王山窝汉墓群
出土/征集时间	2000 年
原石尺寸	104×49×10
质地	石灰岩
原石情况	原石呈长方形，基本完整，右侧可见门枢。
组合关系	
画面简述	此图为浅浮雕。画面分上、下两格，上格为菱形穿璧纹，下格为铺首衔环，可见铺首下方有梯形物（一说为帛），环下部可见一"x"形刻线。上、下、右三边有框。
著录与文献	
收藏单位	萧县博物馆

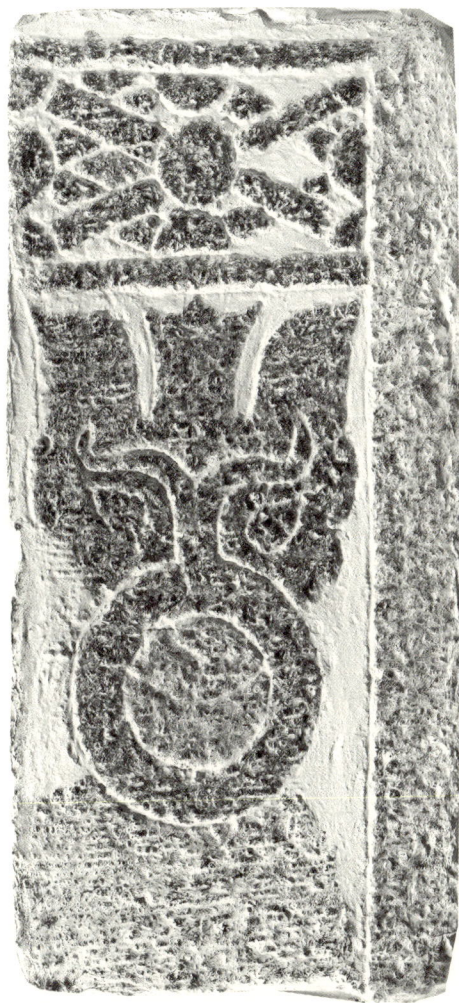

编号	AH-XX-030
时代	东汉
出土/征集地	王山窝汉墓群
出土/征集时间	2000 年
原石尺寸	108×50×10
质地	石灰岩
原石情况	原石呈长方形，基本完整。
组合关系	
画面简述	此图为浅浮雕。画面分上、下两格，上格为菱形穿璧纹，下格为铺首衔环，环下一梯形物（一说为帛）。上、右两边有框。
著录与文献	
收藏单位	萧县博物馆

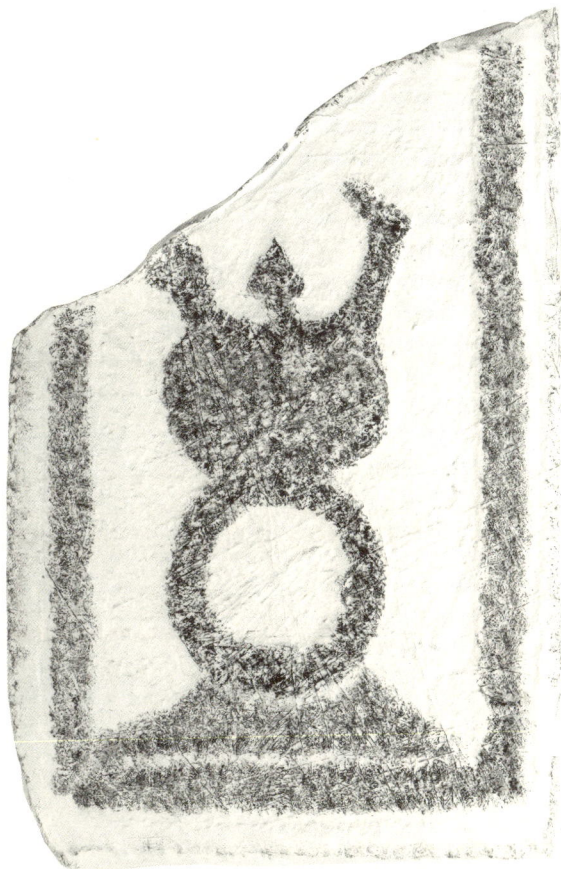

编号	AH-XX-031
时代	东汉
出土/征集地	王山窝汉墓群
出土/征集时间	2000 年
原石尺寸	82×56×12
质地	石灰岩
原石情况	原石呈长方形，上端残缺。
组合关系	
画面简述	此图为浅浮雕。画面漫漶不清，可见一铺首衔环，环下一梯形物（一说为帛）。左、右、下三边有框。
著录与文献	
收藏单位	萧县博物馆

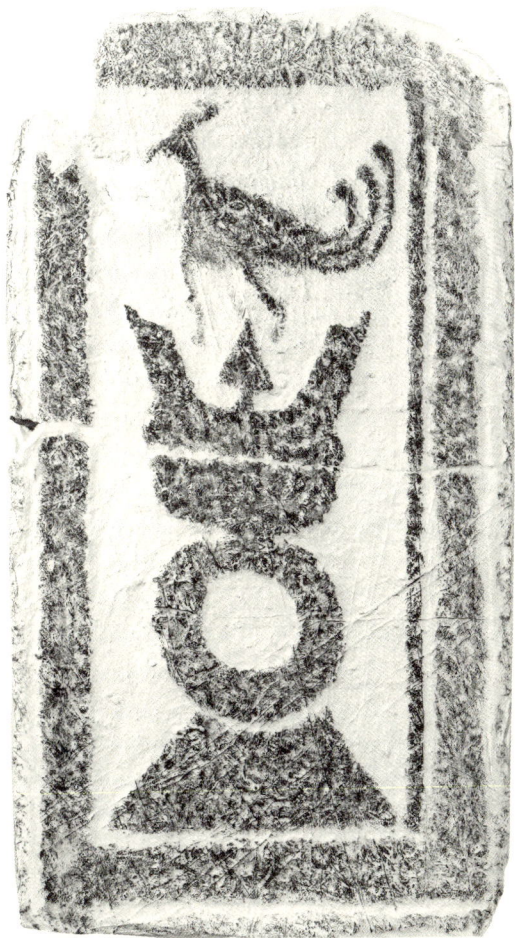

编号	AH-XX-032
时代	东汉
出土/征集地	王山窝汉墓群
出土/征集时间	2000 年
原石尺寸	106×56×13
质地	石灰岩
原石情况	原石呈长方形，断为两块。
组合关系	
画面简述	此图为浅浮雕。画面略有漫漶，上部有一朱雀（凤鸟），可见羽冠，尾分为三歧，双足踏于铺首顶部；下一铺首衔环，环下为一梯形物（一说为帛）。四周有框。
著录与文献	
收藏单位	萧县博物馆

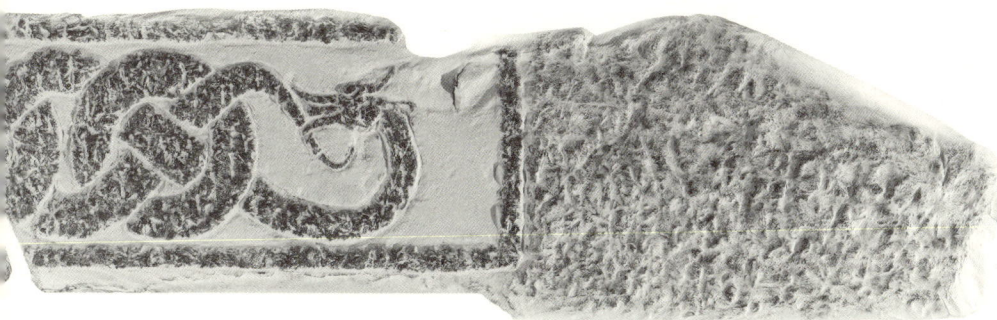

编号	AH-XX-033
时代	东汉
出土/征集地	王山窝汉墓群
出土/征集时间	2002 年
原石尺寸	35×124×20
质地	石灰岩
原石情况	原石呈长方形,断为两块,右端残缺。
组合关系	
画面简述	此图为浅浮雕。画面应为二龙穿璧,二龙张口回首,互衔其尾。四周有框。
著录与文献	
收藏单位	萧县博物馆

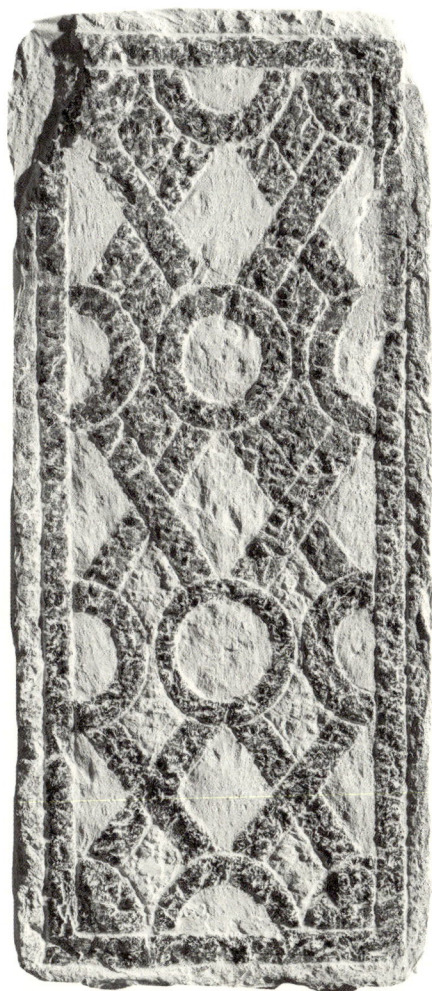

编号	AH-XX-034
时代	东汉
出土/征集地	王山窝汉墓群
出土/征集时间	1999 年
原石尺寸	118×53×32.5
质地	石灰岩
原石情况	原石呈长方形，基本完整。
组合关系	
画面简述	此图为浅浮雕。刻菱形穿环纹。四周有框。
著录与文献	
收藏单位	萧县博物馆

编号	AH-XX-035-01
时代	东汉
出土/征集地	古尚村 M2
出土/征集时间	2015 年
原石尺寸	45×140×31
质地	石灰岩
原石情况	原石呈长方形，右侧残缺。
组合关系	
画面简述	此图为浅浮雕。左一虎，身披条纹，张口露舌，长尾后扬，右奔；其右一熊，尖吻，反身人立回首，似与虎相戏（斗？）。上、下、左三边可见有框，下边为双层框，框间填刻连弧纹。
著录与文献	
收藏单位	萧县博物馆

编号	AH-XX-035-02
时代	东汉
出土/征集地	古尚村 M2
出土/征集时间	2015 年
原石尺寸	47×138×27
质地	石灰岩
原石情况	原石呈长方形，左侧残缺。
组合关系	
画面简述	此图为浅浮雕。刻羽人饲龙，画面左侧一羽人，散发左衽，背部披羽，手持一圆形物（一说为丹），右向跨步而立；右有一龙，通身披鳞，爪有三趾，张口露舌，左行。下边有双边框，框间填刻连弧纹。
著录与文献	
收藏单位	萧县博物馆

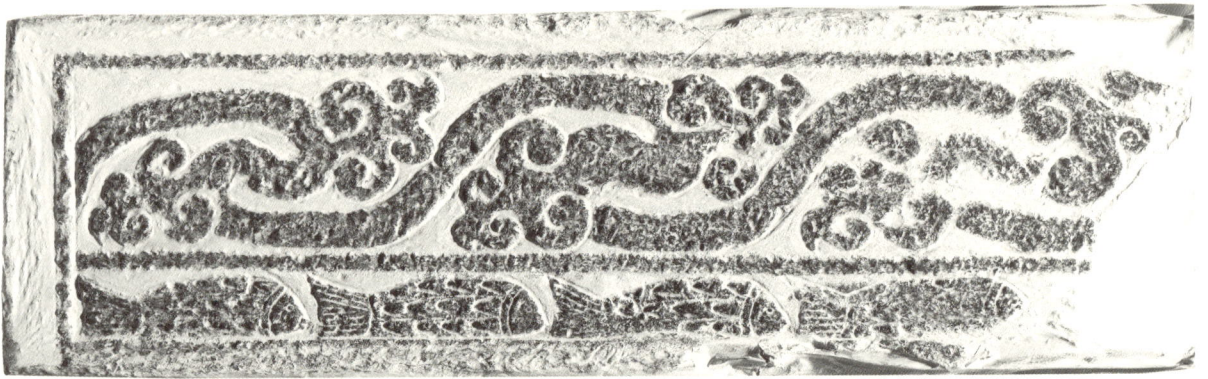

编号	AH-XX-035-03
时代	东汉
出土/征集地	古尚村 M2
出土/征集时间	2015 年
原石尺寸	43×145×27
质地	石灰岩
原石情况	原石呈长方形，右侧残缺。
组合关系	
画面简述	此图为浅浮雕。画面分上下两格，上格为云气纹，下格为四鱼，右向游行，鱼身皆有鳞。上、下、左三边有框。
著录与文献	
收藏单位	萧县博物馆

编号	AH-XX-035-04
时代	东汉
出土/征集地	古尚村 M2
出土/征集时间	2015 年
原石尺寸	47×175×28
质地	石灰岩
原石情况	原石呈长方形，左侧残缺。
组合关系	
画面简述	此图为浅浮雕。可见四兽，最左端可见一兽首，有角；左二为一龙，鳞身双角，长尾下垂，左向而行；左三为一熊，人立回首；右端似为一虎。上、下、右三边有框，上边为双框，框间填刻波形纹。
著录与文献	
收藏单位	萧县博物馆

编号	AH-XX-035-05
时代	东汉
出土/征集地	古尚村 M2
出土/征集时间	2015 年
原石尺寸	40×172×17
质地	石灰岩
原石情况	原石呈长方形，右上角残缺。
组合关系	
画面简述	此图为浅浮雕。画面漫漶，二龙穿三璧，下边可见有双层边框，框间填刻连弧纹。
著录与文献	
收藏单位	萧县博物馆

编号	AH-XX-036-01
时代	东汉
出土/征集地	古尚村 M5
出土/征集时间	2015 年
原石尺寸	50×209×31
质地	石灰岩
原石情况	原石呈长方形，基本完整。
组合关系	
画面简述	此图为浅浮雕。刻四兽，左侧两兽相对，一爪相抵，皆有双角，张口曲颈，长尾后扬，似虎形；左三怪兽有独角，通身披鳞，长尾下垂，右向而行；右端者似龙，有双角，通身披鳞，张口曲颈。画面四周有框，上边为双框，框间填刻波形纹。
著录与文献	
收藏单位	萧县博物馆

AH-XX-036-01 局部

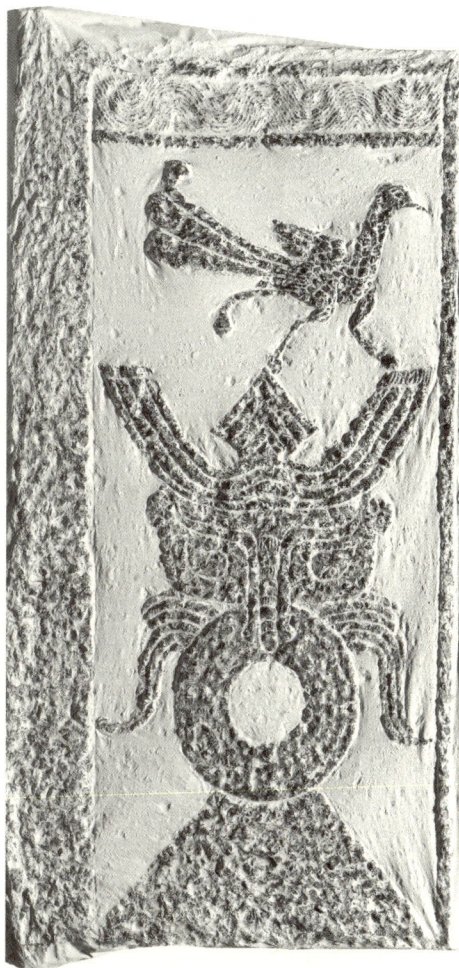

编号	AH-XX-036-02
时代	东汉
出土/征集地	古尚村 M5
出土/征集时间	2015 年
原石尺寸	124×66×11
质地	石灰岩
原石情况	原石呈长方形，基本完整，可见左侧门枢。
组合关系	
画面简述	此图为浅浮雕。画面上方一朱雀，尾分四歧，张翅右向，双足踏于铺首顶部；下方一铺首衔环，环两侧可以见两须（足？），环下一三角形（一说为帛）。上左右三边有框，上边为双层框，内填刻波形纹。
著录与文献	
收藏单位	萧县博物馆

编号	AH-XX-036-03
时代	东汉
出土/征集地	古尚村 M5
出土/征集时间	2015 年
原石尺寸	125×69×11
质地	石灰岩
原石情况	原石呈长方形，基本完整，可见右侧门枢。
组合关系	
画面简述	此图为浅浮雕。画面上方一朱雀，头生羽冠，尾分五歧，张翅左向，双足踏于铺首顶部，环两侧可以见两须（足？），环分四层，环下一三角形（一说为帛）。上、左、右三边有框，其中上为双层框，内填刻波形纹。
著录与文献	
收藏单位	萧县博物馆

编号	AH-XX-036-04
时代	东汉
出土/征集地	古尚村 M5
出土/征集时间	2015 年
原石尺寸	40×144×23
质地	石灰岩
原石情况	原石呈长方形，右侧残缺。
组合关系	
画面简述	此图为浅浮雕。画面较漫漶，可见二龙穿三璧（一龙首不可见），一龙身有明显鳞纹。上、下、左三边可见有框。
著录与文献	
收藏单位	萧县博物馆

编号	AH-XX-036-05
时代	东汉
出土/征集地	古尚村 M5
出土/征集时间	2015 年
原石尺寸	41×137×23
质地	石灰岩
原石情况	原石呈长方形，左侧残缺。
组合关系	
画面简述	此图为浅浮雕。刻二龙穿璧，左残。可见右侧一龙张口回首，穿二璧，衔尾。上、下、右三边可见有双层框，框间填刻连弧纹。
著录与文献	
收藏单位	萧县博物馆

编号	AH-XX-037
时代	东汉
出土/征集地	人民村
出土/征集时间	2016 年
原石尺寸	46×186×18
质地	石灰岩
原石情况	原石呈长方形，断为两块。
组合关系	
画面简述	此图为浅浮雕。刻二龙穿三璧，二龙张口回首，互衔其尾。四周有框，上边为双层边框，内填刻连弧纹。
著录与文献	
收藏单位	萧县博物馆

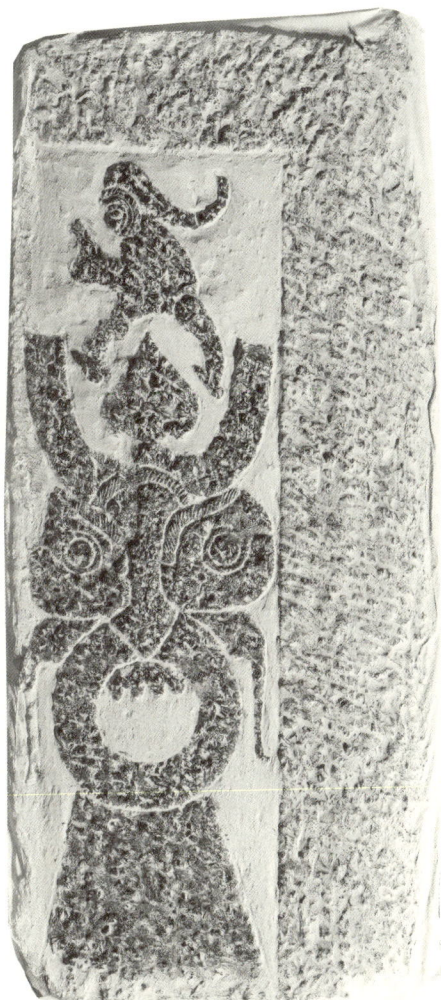

编号	AH-XX-038
时代	东汉
出土/征集地	人民村
出土/征集时间	2016 年
原石尺寸	100×47×11
质地	石灰岩
原石情况	原石呈长方形，基本完整。
组合关系	
画面简述	此图为浅浮雕。上刻一人（？），面似猴，长发后卷，左向跨立于铺首上；下一铺首衔环，两侧有须（足？），环下有一梯形物（一说为帛）。
著录与文献	
收藏单位	萧县博物馆

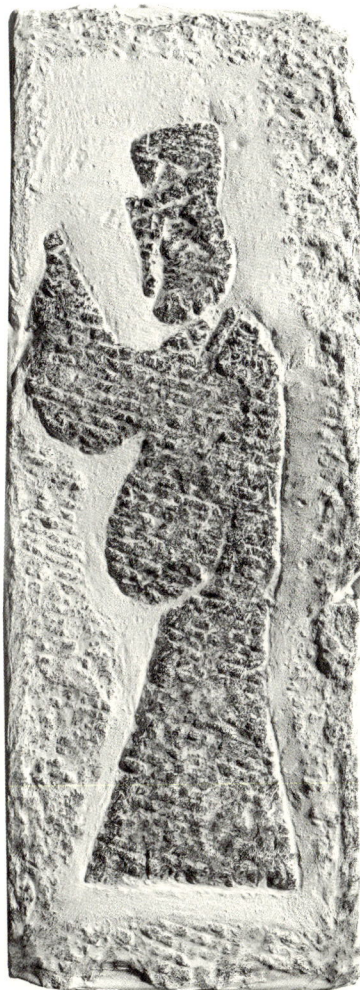

编号	AH-XX-039
时代	东汉
出土/征集地	人民村
出土/征集时间	2016 年
原石尺寸	99×35×22
质地	石灰岩
原石情况	原石呈长方形，基本完整。
组合关系	
画面简述	此图为浅浮雕。刻一人（门吏？），头戴武弁，着垂胡袖及地长袍，持笏左向躬身而立。
著录与文献	
收藏单位	萧县博物馆

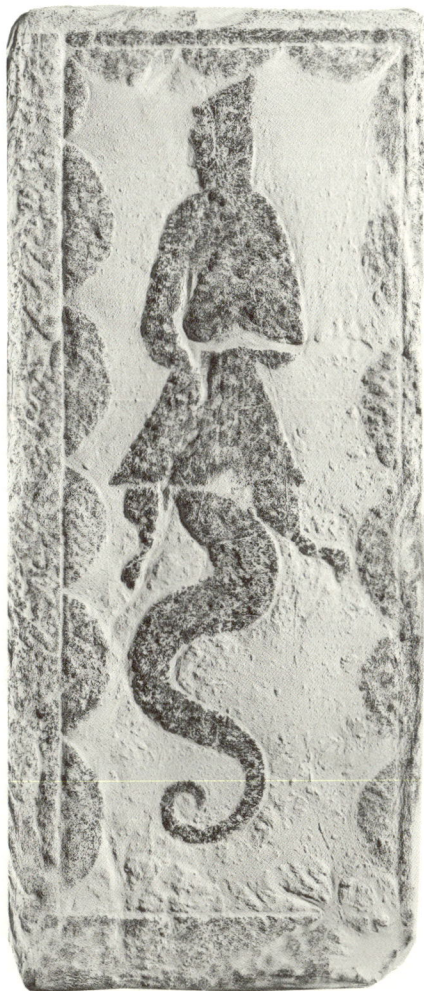

编号	AH-XX-040
时代	东汉
出土/征集地	人民村
出土/征集时间	2016 年
原石尺寸	108×47×28
质地	石灰岩
原石情况	原石呈长方形，基本完整。
组合关系	
画面简述	此图为浅浮雕。画面漫漶不清，有一半人半龙神，衣摆下可见双足，戴进贤冠，龙尾弯曲左卷。四周有框，框内侧饰连弧纹。
著录与文献	
收藏单位	萧县博物馆

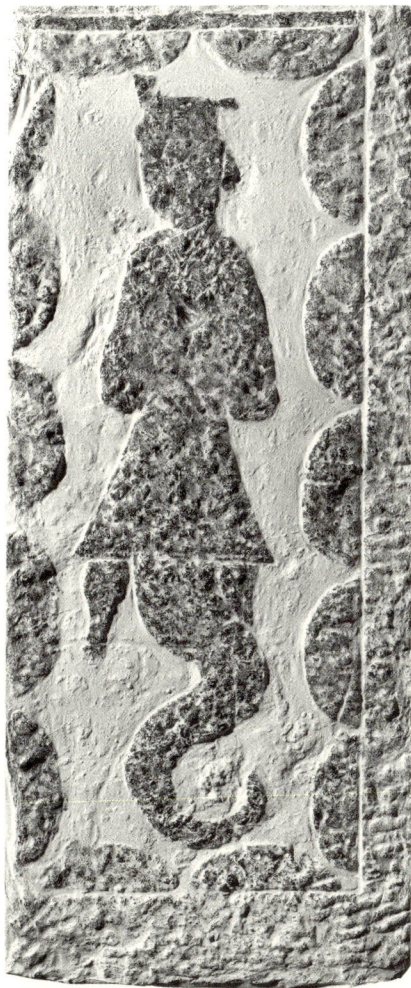

编号	AH-XX-041
时代	东汉
出土/征集地	人民村
出土/征集时间	2016 年
原石尺寸	107 × 45 × 28
质地	石灰岩
原石情况	原石呈长方形，基本完整。
组合关系	
画面简述	此图为浅浮雕。画面漫漶不清，有一半人半龙神，衣摆下可见双足，戴进贤冠，龙尾弯曲右卷。四周有框，框内侧饰连弧纹。
著录与文献	
收藏单位	萧县博物馆

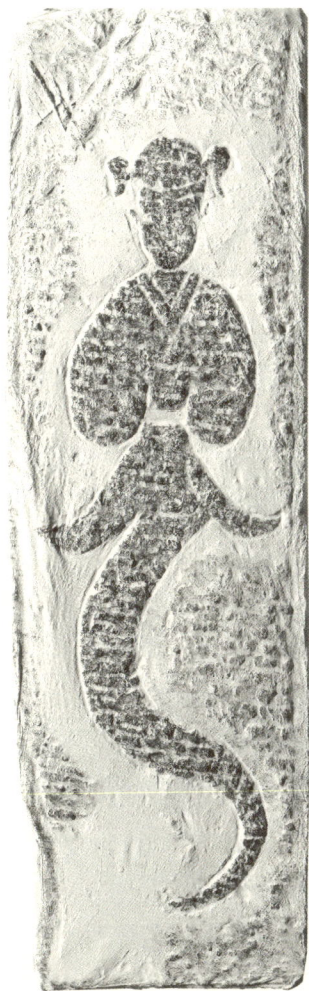

编　　号	AH-XX-042
时　　代	东汉
出土/征集地	人民村
出土/征集时间	2016 年
原石尺寸	98×33×22
质　　地	石灰岩
原石情况	原石呈长方形，基本完整。
组合关系	
画面简述	此图为剔地浅浮雕。刻一半人半蛇神，梳圆髻两侧垂梢，蛇尾弯曲回卷。
著录与文献	
收藏单位	萧县博物馆